WOLFGANG GEFAELLER

Entstehung und Bedeutungswandel der Arbeitsmündigkeit (§ 113 BGB)

Schriftenreihe des Instituts für Rechtssoziologie und
Rechtstatsachenforschung der Freien Universität Berlin

Herausgegeben von Prof. Dr. Ernst E. Hirsch

Band 10

Entstehung und Bedeutungswandel der Arbeitsmündigkeit (§ 113 BGB)

Von

Dr. Wolfgang Gefaeller

DUNCKER & HUMBLOT / BERLIN

Alle Rechte vorbehalten
© 1968 Duncker & Humblot, Berlin 41
Gedruckt 1968 bei Alb. Sayffaerth, Berlin 61
Printed in Germany

Vorwort des Herausgebers

Während die Ausdrücke „Zivilrecht" und „Zivilgesetzbuch" wirtschafts- und sozialpolitisch neutral sind und einen Rückschluß auf eine bestimmte Art der Gesellschaftsordnung nicht zulassen, bezieht sich ein „Bürgerliches" Gesetzbuch auf eine „bürgerliche" Gesellschaft in dem Sinne, wie dieser Begriff im Laufe der letzten zwei Jahrhunderte, beginnend mit Ferguson, Adam Smith über Hegel, Lorenz v. Stein, Marx, Riehl u. a. entwickelt worden ist.

Der Inhalt des deutschen Bürgerlichen Gesetzbuchs spiegelt in vielen seiner Bestimmungen die wirtschafts- und sozialpolitischen Auffassungen wider, die in den letzten Jahrzehnten des 19. Jahrhunderts hinsichtlich der privatrechtlichen Ordnung einer „bürgerlichen Gesellschaft" in den für die Gesetzgebung maßgebenden Kreisen herrschten.

Die Lösung der „sozialen Frage", in England bereits durch das „Gesetz zur Bewahrung der Gesundheit und der Moral der Lehrlinge in den Baumwollfabriken" (1802) eingeleitet und auch in Preußen durch das gesetzliche Verbot der Annahme von Kindern unter 9 Jahren zur regelmäßigen Arbeit in Hüttenwerken und dergleichen (1839) angesteuert, wurde im Deutschen Reich zur Entstehungszeit des Bürgerlichen Gesetzbuchs auf dem Weg über die öffentlich-rechtliche Sozialversicherung versucht. In den privatrechtlichen Kodifikationen des Bürgerlichen Gesetzbuchs und des Handelsgesetzbuchs über Dienst- und Arbeitsverhältnisse dagegen wurde trotz der Warnungen und Bemühungen Otto von Gierkes und Anton Mengers ein Begriffsapparat verwendet, welcher der wirtschaftlichen und sozialen *Ungleichheit* der Beteiligten kaum Rechnung trug. Ein Beispiel hierfür bietet § 113 BGB, der die sog. „Arbeitsmündigkeit" regelt. Entstehung und Bedeutungswandel dieser Vorschrift bilden den Gegenstand der vorliegenden Untersuchung. An einem konkreten Beispiel werden die wechselseitige Abhängigkeit der gesellschaftlichen Machtverhältnisse und ihrer rechtlichen Ordnung herausgearbeitet und der durch Veränderungen im politischen Sozialbereich verursachte „Wandel des Rechts" deutlich gemacht.

Berlin, im Mai 1968

Ernst E. Hirsch

Inhaltsverzeichnis

A. *Einleitung* 13

    I. Wortlaut des § 113 BGB 13

    II. Inhalt der Vorschrift, Stellung zu ähnlichen Vorschriften des BGB 13

    III. Bedeutungen einer Vorschrift 14

B. *Hauptteil* 16

    I. Entstehung der Vorschrift und Bedeutung in der vorindustriellen Arbeitswelt 16

       1. Vorbemerkung 16

       2. Anfänge des Gesindewesens 17
          a) Wirtschaftsform S. 17 — b) Arbeitsbedingungen S. 18 — c) Gesinde als Stand von Arbeitskräften S. 18 — d) Gesindeverhältnis S. 19 — e) Väterliche (elterliche) Genehmigung S. 20 — f) Ansätze zur Entstehung des § 113 BGB S. 21

       3. Epoche der Polizeiordnungen 22
          a) Bedürfnis nach Arbeitskräften S. 22 — b) Polizeiliche Regelung des Gesindewesens S. 23 — aa) Gesindezwang S. 23 — bb) Tarifordnungen S. 24 — cc) Strafbarkeit des Vertragsbruchs S. 24 — c) Soziale Stellung des Gesindes S. 25

       4. Das Zeitalter der Gesindeordnungen 25
          a) Einfluß des Gesindes auf die Gestaltung der Arbeitsbedingungen (Koalitionen) S. 25 — b) Gesinderecht als Sonderrecht S. 26 — c) Eindringen der Vertragsfreiheit S. 27 — d) Vertragsfreiheit und sonstiges Gesinderecht S. 27 — e) Gesetzliche Vorstufen des § 113 BGB S. 29 — aa) §§ 6, 8 II 5 ALR S. 29 — bb) §§ 6, 8 Preuß. Gesindeordnung von 1810 S. 30 — cc) Sonstige Gesindeordnungen S. 30 — dd) § 6 Preuß. Gesetz von 1875 und Art. 2 Nr. 2 Württ. Gesetz von 1865 S. 31

       5. Zusammenfassung der Gründe für die Entstehung der Vorschrift 32
          a) Einfluß der Entfernung S. 32 — b) Interesse der gesetzlichen Vertreter S. 32 — c) Interesse der Herrschaften S. 33

       6. Bedeutung der Vorschrift für das häusliche Gesinde zur Zeit der Jahrhundertwende 35
          a) Umfang des häuslichen Gesindes S. 35 — b) Übervorteilung S. 35 — c) Lage des häuslichen Gesindes S. 36 — d) Zusammenfassung S. 37

II. Fortgeltung der Vorschrift und Bedeutung im Arbeitsleben zur Zeit der Jahrhundertwende 38

1. Wandel der Wirtschaftsverfassung 38
   a) Arbeitsbedingungen S. 39 — b) Arbeitstätigkeit der Minderjährigen S. 40 — c) Rechtliche Stellung der Minderjährigen S. 41 — d) Angleichung des Gesindes an den Arbeiterstand S. 41 — e) Geltung der Vorschrift für Arbeiter S. 43 — f) Geltung der Vorschrift für alle Arbeitnehmer S. 43 — g) Aufhebung der Gesindeordnungen S. 45

2. Beteiligung der Minderjährigen am Erwerbsleben 46
   a) Kinderarbeit S. 46 — b) Arbeitstätigkeit von Jugendlichen S. 47

3. Bedeutung der Vorschrift für die minderjährigen Arbeiter 48
   a) Soziale Hintergründe für die Fortgeltung der gesinderechtlichen Norm S. 48 — b) Erleichterung der Übervorteilung S. 49 — aa) Nachteilige Rechtsgeschäfte über den Arbeitslohn S. 52 — bb) Sonstige nachteilige Nebenabreden S. 54 — c) Kritik Mengers an der Vorschrift S. 55 — d) Bürgerliches Gesetzbuch und Interessen der Arbeiter S. 56

III. Bedeutungswandel der Vorschrift in der industriellen Arbeitswelt 58

1. Vorbemerkung 58

2. Erstarken der Arbeiterschaft 59
   a) Einfluß bei der Gestaltung der Arbeitsbedingungen S. 59 — aa) Tarifverträge S. 60 — bb) Betriebsvereinbarungen S. 60 — b) Wandel des Arbeitsrechts S. 61 — c) Wandel im Verhältnis der ‚herangewachsenen Jugend' zum Arbeitgeber S. 62 — d) Wandel im Verhältnis der ‚heranwachsenden Jugend' zum Arbeitgeber S. 63 — aa) Stellung im Arbeitsleben S. 63 — bb) Unterstützung durch die Arbeiterschaft S. 64 — cc) Tarifliche Regelung des Lehrlingswesens S. 65 — dd) Bedeutung der Einzelvereinbarung S. 67

3. Einschränkung der Arbeitstätigkeit von Minderjährigen 67
   a) Ausscheiden der Kinder aus dem Erwerbsleben S. 67 — aa) Entwicklung der Gesetzgebung S. 68 — bb) Ursachen für das Nachlassen der Kinderarbeit S. 68 — b) Beschränkung der Arbeitstätigkeit von Jugendlichen S. 72 — aa) Entwicklung der Gesetzgebung S. 72 — bb) Ursachen der Beschränkung S. 72 — cc) Sonderstellung der Jugendlichen im Arbeitsleben S. 73 — dd) Bedeutung der Einzelvereinbarung S. 74 — c) Umgestaltung der Arbeitstätigkeit von Jugendlichen S. 75 — aa) Zunahme der Ausbildungsverhältnisse S. 75 — bb) Absonderung vom Arbeitsprozeß S. 76 — cc) Bedeutung für § 113 BGB S. 77

4. Gegenwärtige Bedeutung der Vorschrift für Arbeitnehmer und Arbeitgeber 79
   a) Einschränkung des Geltungsbereichs S. 80 — b) Beschränkung der Vertragsfreiheit S. 80 — c) Schlußfolgerung S. 82

5. Gegenwärtige Bedeutung der Vorschrift für Arbeitnehmer und gesetzliche Vertreter 84

a) Zunahme der tatsächlichen Selbständigkeit des Minderjährigen S. 84 — aa) Beschränkung der Bindungen zum Arbeitgeber S. 84 — bb) Funktionsverlust der Familie S. 85 — b) Erweiterung der rechtlichen Selbständigkeit S. 86 — aa) Wandel der Voraussetzungen für das Vorliegen einer Ermächtigung S. 86 — bb) Ausweitung des Umfangs der gestatteten Rechtsgeschäfte zu S. 87 — α) Dritten wegen Kost, Logis ... S. 87 — β) Sozialversicherungsträgern, Arbeitsgerichten, Arbeitsämtern S. 88 — γ) Gewerkschaften S. 89 — δ) Geldinstituten S. 91 — ε) Verwaltung des Arbeitslohnes und Verfügung darüber S. 91 — c) Bedeutung des § 113 BGB, Arbeitsmündigkeit S. 95 — d) Schlußfolgerung S. 96

6. Zusammenfassende Schlußfolgerung 98

Literaturverzeichnis 102

Abkürzungsverzeichnis

a. A.	=	anderer Ansicht
a.a.O.	=	am angegebenen Ort
AcP	=	Archiv für die civilistische Praxis
ADHGB	=	Allgemeines Deutsches Handelsgesetzbuch
a. F.	=	alte Fassung
a. M.	=	anderer Meinung
Anm.	=	Anmerkung
AP	=	Arbeitsrechtliche Praxis
ArbG	=	Arbeitsgericht
ArbGG	=	Arbeitsgerichtsgesetz
ArbRspr.	=	Die Rechtsprechung in Arbeitssachen
ARS	=	Arbeitsrechtssammlung, Entscheidungen des Reichsarbeitsgerichts, der Landesarbeitsgerichte und Arbeitsgerichte, herausgegeben von Dersch
Art.	=	Artikel
Aufl.	=	Auflage
BAG	=	Bundesarbeitsgericht
BB	=	Betriebsberater
Bem.	=	Bemerkung
Betrieb	=	Der Betrieb (Zeitschrift)
BetrVG	=	Betriebsverfassungsgesetz
BGB	=	Bürgerliches Gesetzbuch
BGBl.	=	Bundesgesetzblatt
BGH	=	Bundesgerichtshof
BS	=	Bensheimer Sammlung, Entscheidungen des Reichsarbeitsgerichts und der Landesarbeitsgerichte
BVerfG	=	Bundesverfassungsgericht
DHBl.	=	Das deutsche Handwerksblatt
Diss.	=	Dissertation
DRZ	=	Deutsche Richterzeitung
f.	=	folgend
ff.	=	folgende
GBl.	=	Gesetzesblatt
GewG	=	Gewerbegericht; zugleich Zeitschrift: das Gewerbe- und Kaufmannsgericht, nach Jahrgängen geführt
GewO	=	Gewerbeordnung
GG	=	Grundgesetz
Gruch	=	Gruchot, Beiträge zur Erläuterung des deutschen Rechts

GS	=	Gesetzessammlung
HGB	=	Handelsgesetzbuch
HRR	=	Höchstrichterliche Rechtsprechung
i. V.	=	in Verbindung
JArbSchG	=	Jugendarbeitsschutzgesetz von 1960
JSchG	=	Jugendschutzgesetz von 1938
JR	=	Juristische Rundschau
JW	=	Juristische Wochenschrift
KfmG	=	Kaufmannsgericht
KG	=	Kammergericht
LAG	=	Landesarbeitsgericht
LG	=	Landgericht
LM	=	Lindemaier-Möhring
MDR	=	Monatszeitschrift für Deutsches Recht
NJW	=	Neue Juristische Wochenschrift
OLG	=	Oberlandesgericht
OVG	=	Oberverwaltungsgericht
Pr.	=	Preußisch ...
Prot.	=	Protokolle
PrVerwBl.	=	Preußische Verwaltungsblätter
RArbBl.	=	Reichsarbeitsblatt
RAG	=	Reichsarbeitsgericht; auch amtliche Entscheidungssammlung des RAG
RdA	=	Recht der Arbeit
Recht	=	Das Recht, Zeitschrift
Reger	=	Entscheidungen der Gerichte und Verwaltungsbehörden aus dem Gebiete des auf reichsgesetzlichen und gemeinderechtlichen Bestimmungen beruhenden Verwaltungs- und Polizeistrafrechts
RGBl.	=	Reichsgesetzblatt
RGZ	=	Entscheidungen des Reichsgerichts in Zivilsachen
S.	=	Seite
SJE	=	Sammlung jugendrechtlicher Entscheidungen in Handbuch des gesamten Jugendrechts
s. o.	=	siehe oben
Soz. Prax.	=	Soziale Praxis, Zeitschrift
VGH	=	Verwaltungsgerichtshof
vgl.	=	vergleiche
Vorbem.	=	Vorbemerkung
Warneyer Rsp.	=	Warneyer, Rechtsprechung des Reichsgerichts auf dem Gebiete des Zivilrechts

A. Einleitung

I. Wortlaut des § 113 BGB

§ 113 (I, 1) Ermächtigt der gesetzliche Vertreter den Minderjährigen, in Dienst oder Arbeit zu treten, so ist der Minderjährige für solche Rechtsgeschäfte unbeschränkt geschäftsfähig, welche die Eingehung oder Aufhebung eines Dienst- oder Arbeitsverhältnisses der gestatteten Art oder die Erfüllung der sich aus einem solchen Verhältnis ergebenden Verpflichtungen betreffen. (2) Ausgenommen sind Verträge, zu denen der Vertreter der Genehmigung des Vormundschaftsgerichts bedarf.

(II) Die Ermächtigung kann von dem Vertreter zurückgenommen oder eingeschränkt werden.

(III, 1) Ist der gesetzliche Vertreter ein Vormund, so kann die Ermächtigung, wenn sie von ihm verweigert wird, auf Antrag des Minderjährigen durch das Vormundschaftsgericht ersetzt werden. (2) Das Vormundschaftsgericht hat die Ermächtigung zu ersetzen, wenn sie im Interesse des Mündels liegt.

(IV) Die für einen einzelnen Fall erteilte Ermächtigung gilt im Zweifel als allgemeine Ermächtigung zur Eingehung von Verhältnissen derselben Art.

II. Inhalt der Vorschrift, Stellung zu ähnlichen Vorschriften des BGB

Durch § 113 BGB wird die beschränkte Geschäftsfähigkeit des Minderjährigen, § 106 BGB, für einen bestimmten Bereich von Rechtsgeschäften erweitert. Die Erweiterung tritt ein, wenn der gesetzliche Vertreter den Minderjährigen ermächtigt, in „Dienst- oder Arbeitsverhältnisse" zu treten. Kraft der Ermächtigung wird der Minderjährige berechtigt, alle Rechtsgeschäfte selbständig vorzunehmen, soweit sie den Bereich der gestatteten „Dienst- oder Arbeitsverhältnisse" betreffen, auch wenn sie für ihn im einzelnen nachteiliger Natur sind.

Die Besonderheit dieser Bestimmung ergibt sich am deutlichsten aus einem Vergleich zu anderen Vorschriften des BGB, die dem Minderjährigen ebenfalls eine freiere Rechtsstellung einräumen.

§ 113 BGB bildet zusammen mit § 112 BGB eine Ausnahme von dem Grundsatz der beschränkten Geschäftsfähigkeit des Minderjährigen. Da Denk- und Willensvermögen noch nicht voll entwickelt sind, wird er vor den Gefahren des Rechtsverkehrs geschützt; er kann nur vorteilhafte Rechtsgeschäfte selbständig abschließen und benötigt zu allen nachteiligen Rechtsgeschäften die jeweilige Einwilligung seines gesetzlichen Vertreters, § 107 BGB. Von der ihm vorangehenden Vorschrift des § 112 BGB unterscheidet sich § 113 BGB dadurch, daß dort die Ermächtigung „zum selbständigen Betrieb eines Erwerbsgeschäftes" mit der daraus folgenden erweiterten rechtlichen Selbständigkeit des Minderjährigen von der vormundschaftsgerichtlichen Genehmigung abhängig ist; diese ist aber nur dann zu erteilen, wenn zu erwarten ist, daß der Minderjährige sich im Rechts- und Wirtschaftsleben wie ein Volljähriger benehmen wird[1]. Von den §§ 3—5 BGB unterscheidet sich § 113 BGB dadurch, daß die vorzeitige Volljährigkeitserklärung erst ab vollendetem 18. Lebensjahr und wiederum nur unter Mitwirkung des Vormundschaftsgerichtes möglich ist, und zwar nur, wenn das Beste des Minderjährigen befördert wird, § 5 BGB. Die Stellung des für volljährig Erklärten unterscheidet sich von der des Minderjährigen, der nur ermächtigt worden ist, in „Dienst- oder Arbeitsverhältnisse" zu treten: Dieser untersteht weiterhin der elterlichen Gewalt; sein Arbeitsverdienst unterliegt der elterlichen Verwaltung, § 1638 BGB; die Vornahme bestimmter Rechtsgeschäfte bleibt ihm verwehrt, auch wenn sie in den Bereich des gestatteten „Dienst- oder Arbeitsverhältnisses" fallen, §§ 113 Abs. 1 Satz 2, 1643, 1821, 1822 BGB. Es bleibt aber doch ein weiter Bereich von nachteiligen Rechtsgeschäften übrig, zu deren selbständiger Vornahme der Minderjährige theoretisch mit Vollendung des 7. Lebensjahres berechtigt werden kann, ohne daß, wie in den Fällen der §§ 112, 3—5 BGB, ein neutraler Dritter wie etwa das Vormundschaftsgericht darüber zu entscheiden hätte, ob die Erweiterung der Geschäftsfähigkeit überhaupt zu seinem Besten erfolgt. Die Erweiterung der rechtlichen Selbständigkeit ist im § 113 BGB ausschließlich der Disposition des gesetzlichen Vertreters überlassen.

Es ist zu untersuchen, wie diese eigenartige, nicht in erster Linie den Schutz des Minderjährigen im Rechtsverkehr verfolgende Vorschrift entstanden ist, welche Bedeutung sie hatte und welche Bedeutung ihr heute noch zukommt.

III. Bedeutungen einer Vorschrift

Jedes Rechtsinstitut regelt die tatsächlichen Beziehungen lebender Menschen sowie aufeinanderfolgender Menschengeschlechter, also sich

---

[1] So KG, Beschl. v. 13. 11. 1936, JW 1937, 470; vgl. dazu auch allgemein *Staudinger-Coing*, § 112 Anm. 7.

III. Bedeutungen einer Vorschrift

stetig wandelnde Tatsachen; das einzelne Rechtsinstitut ist wie das Recht überhaupt nichts anderes als eine Seite des menschlichen Daseins[2]. Die abstrakten Rechtssätze sind nur ein begrifflicher Ausdruck der lebendigen Tatsachen, ihre schließliche Bestimmung liegt in der Anwendung auf sie[3]. Daher erschöpft sich auch das volle Verständnis einer Vorschrift nicht in der isolierten Betrachtung ihres Wortlautes, sondern setzt vielmehr ein Eingehen auf das „Tatsächliche", auf den Lebensbereich voraus, in dem sie wirkt.

§ 113 BGB ist keine Neuschöpfung des bürgerlichen Gesetzgebers, sondern eine Fortentwicklung alten, erprobten Rechtsgutes, dem keine unveränderliche Bedeutung zukommt, sondern nur eine Mehrzahl von epochal verschiedenen, ineinander übergehenden und nebeneinander herlaufenden Bedeutungen. Die Ursache dieser beständigen Bewegung liegt im Wandel von Wirtschaft und Gesellschaft begründet, der auch jeweils einen Wandel im Rechte nach sich zieht[4].

Der in § 113 BGB enthaltene Rechtsgedanke betrifft das Verhältnis des jungen, noch nicht erwachsenen Menschen zum Erwerbsleben und in ihm seine rechtlichen Beziehungen zu den gesetzlichen Vertretern und denen, die ihn beschäftigen. Dieses Verhältnis ist den allgemeinen Veränderungen in Wirtschaft und Gesellschaft unterworfen; sein Wandel läßt sich nur in Epochen sinnvoll begreifen. So sind für die Bedeutung des in § 113 BGB formulierten Rechtsgedankens drei Epochen zu erkennen: Die der vorindustriellen Arbeitswelt, in welcher sich die Anfänge des Rechtsgedankens nachweisen lassen, die Epoche des Überganges zur industriellen Arbeitswelt, in welche die Schaffung des BGB fällt, und die noch andauernde Zeit der industriellen Arbeitswelt.

---

[2] Vgl. *Renner*, S. 10.
[3] Vgl. *Sinzheimer*, Methode, S. 6.
[4] Vgl. hierzu *Ehrlich*, insbes. S. 42.

B. Hauptteil

I. Entstehung der Vorschrift und Bedeutung in der vorindustriellen Arbeitswelt

1. Vorbemerkung

§ 113 BGB ist eine Fortentwicklung gesinderechtlichen Gedankengutes. Es bedarf eines Rückblickes auf die wirtschaftlichen, sozialen und politischen Verhältnisse, die das Gesindewesen gekennzeichnet haben, um die Entstehung der Vorschrift und ihre ursprüngliche Bedeutung zu erkennen. Die mit dem Begriff „Gesindewesen" umschriebene besondere Verfassung eines großen Teiles des Arbeitslebens der vergangenen Jahrhunderte hat sich in ihren Ausläufern bis in das 20. Jahrhundert hinein erhalten, bevor sie endgültig durch die industrielle Arbeitsverfassung verdrängt wurde. Im Gesindewesen haben sich aus eigentümlichen Gestaltungsformen und Lebensansprüchen heraus frühzeitig besondere Rechtsformen in den Beziehungen zwischen Herrschaft und Gesinde entwickelt. Das so stetig fortentwickelte „Gesinderecht" bildete nach Ansicht von Mitteis keine historische Vorstufe des heutigen Arbeitsrechts[1]. Wenn diese Tatsache auch im allgemeinen zutreffen mag, so gilt sie aber nicht für den in § 113 BGB zum Ausdruck kommenden Rechtsgedanken: Seine Vorstufen finden sich im Gesinderecht.

Ein selbständiges Arbeitsrecht ist nicht erst mit der Arbeiterbewegung entstanden[2]; auch schon in der vorindustriellen Epoche hatte es ein umfassend geregeltes, selbständiges Arbeitsrecht gegeben: Das Gesinderecht. Es war das am weitesten entwickelte Arbeitsrecht der vergangenen Jahrhunderte gewesen. Es hatte sich als Sonderrecht für einen besonderen Stand von Arbeitskräften im kontinuierlichen Zusammenhang mit dem alten Recht auf heimischer Grundlage, unbeeinflußt von der Rezeption, entwickeln können[3]. Als solches ist es Gegenstand zahlreicher Untersuchungen gewesen, in denen seine Entwicklung in lokal begrenzten Bereichen dargestellt wurde[4]. Kähler hat mit seiner Abhandlung zum „Ge-

---

[1] *Mitteis*, S. 139.
[2] So aber *Sinzheimer* in seinem Referat „Arbeitsrecht und Arbeiterbewegung", S. 5.
[3] So O. v. *Gierke*, S. 641.
[4] Vgl. dazu die zusammenfassende Übersicht von *Heymann*, S. 600.

sindewesen und Gesinderecht in Deutschland" im Jahre 1896 nachweisen können, daß nicht unterschiedliche wirtschaftliche und soziale Verhältnisse für die Entwicklung der zahlreichen partikulären, inhaltlich weitgehend übereinstimmenden Gesindeordnungen ursächlich gewesen waren[5], sondern allein die politische Zersplitterung Deutschlands[6]. Das Gesindewesen hat sich trotz differenzierter Abwandlungen, zeitlicher und örtlicher Verschiebungen einheitlich fortentwickelt. Im folgenden soll daher seine Gesamtentwicklung dargestellt werden, um zu zeigen, welche Bedingungen der Entwicklung des § 113 BGB zugrunde lagen.

2. Anfänge des Gesindewesens

Die Anfänge des Gesindewesens liegen in den für uns noch „dunklen Zeiten" des Mittelalters. Erst seit dem 13. Jahrhundert finden sich in Rechtsbüchern, Stadtrechten und örtlich begrenzten Ordnungen Angaben über Gesinde; damals scheint sich das Gesinde als ein besonderer Stand von Arbeitskräften deutlich abgeschichtet zu haben. Schon in jener Zeit lassen sich Ansätze für die Entwicklung des in § 113 BGB zum Ausdruck kommenden Rechtsgedankens auf dem Hintergrund der wirtschaftlichen und sozialen Verhältnisse des ausgehenden Mittelalters erkennen.

a) Die Zeit war wesentlich von der Agrarwirtschaft und der beginnenden gewerblichen Tätigkeit in den Städten gekennzeichnet[7], wobei die „Eigenproduktion" das Bild beherrschte; alle Arbeiten wurden in familiären Wirtschaftsformen, im häuslichen Betrieb und in bäuerlichen Gutswirtschaften erbracht. In diesen „Produktionsgemeinschaften mit Überschüssen"[8], die zugleich Lebensgemeinschaften, Versorgungs- und Kulturgemeinschaften waren, arbeiteten alle Familienmitglieder der noch mehrere Generationen umfassenden Großfamilie aufgrund ihrer persönlichen Bindungen; auch die Kinder wuchsen dort, vom elterlichen Schutz umgeben, frühzeitig in das Arbeitsleben hinein. Das Haus, die Wirtschaft war das beherrschende Sozialgebilde jener Zeit[9]. Reichten in kleineren Bauernwirtschaften die Familienmitglieder zur Bewältigung der Arbei-

---

[5] So aber die Motive zum landesrechtlichen Vorbehalt in Art. 95 EGBGB; vgl. dazu *Mugdan*, S. 29 (Art. 46); im gleichen Sinne aber auch die angeführten „politischen" Gründe, in: Reichstag, Sten. Ber., IX. Leg. Per., IV. Session, 1895/97, S. 5033 ff. zur Ablehnung „des Antrages Auer und Genossen", die Rechtsverhältnisse der land- und forstwirtschaftlichen Arbeiter und des Gesindes einheitlich zu regeln.
[6] *Kähler*, S. 219; die gleiche Ansicht vertreten auch *Scheller*, S. 3; *Stadthagen*, in: Reichstag, Sten. Ber., a.a.O., S. 743 und 5034 ff. zur Rechtfertigung des Antrages der Sozialdemokratie.
[7] In beiden Bereichen, auf dem Lande und in der Stadt, hatte sich das Gesinde entwickelt, nicht nur in den Städten, wie *Kollmann*, S. 238 ff., ausführt.
[8] So *Stillich*, S. 45.
[9] Vgl. *Brunner*, S. 38.

ten aus, so waren die größeren, meist Gutswirtschaften, auf die Mithilfe zusätzlicher Arbeitskräfte angewiesen. Es kam zur Einstellung von fremden Arbeitskräften. Ihre Herkunft, ihr Alter sowie die an sie gestellten Anforderungen wurden dabei weitgehend durch die Natur der zu leistenden Arbeiten bestimmt.

b) Die in der Hauswirtschaft anfallenden Arbeiten zeichneten sich in erster Linie dadurch aus, daß sie nicht auf Vorrat erbracht werden konnten. Alle der Viehhaltung und menschlichen Bedürfnisbefriedigung dienenden Arbeiten setzten eine stete Arbeitsbereitschaft voraus und darüber hinaus wegen ihrer inhaltlichen Unbestimmtheit ein gewisses Maß an Freiheit in der Betätigung. Sie erforderten keine intensive Ausbildung, sondern waren durch Erfahrung und Übung zu erlernen und zu meistern. Dem Gegenstande nach waren es überwiegend einfache, körperliche, niedere Arbeiten. Aus dem Erfordernis der steten Arbeitsbereitschaft folgte eine möglichst enge Bindung der Arbeitskräfte zum Arbeitsort, die am zweckmäßigsten durch ihre Aufnahme in die Hausgemeinschaft realisiert wurde[10]. Das Arbeitsverhältnis erhielt dadurch ein personenrechtliches Gepräge; die Arbeitskräfte hatten sich der straffen Leitung, der Befehls- und Herrschaftsgewalt des Hausherrn und zugleich Wirtschaftsleiters zu unterwerfen, damit in jener „einfachen, zentral geleiteten Wirtschaft"[11] die Erzeugung und der Verbrauch ohne Kraft- und Zeitverluste planvoll betrieben werden konnte.

Diese Arbeitsbedingungen, besonders die enge Verbindung mit der Hausgemeinschaft und Unterordnung unter die hausherrliche Gewalt, konnten am ehesten von jungen, ungelernten und noch unverheirateten Menschen in Kauf genommen werden. Und so waren es dann auch die Kinder der damals überwiegend ländlichen Bevölkerung, die sich als *freie* Personen[12] aus vielerlei Gründen vom elterlichen Hofe entfernten und in der Stadt oder auf dem Lande in langjährige Dienste traten[13].

c) Für den sich dabei allmählich herausbildenden Stand von Arbeitskräften wurde zunehmend der Ausdruck „Gesinde" gebraucht, ein Wort, dessen Wurzel „gasindi, gisind" aus dem Germanischen stammt und ursprünglich das Gefolge der Fürsten bezeichnete, das mit diesen speiste, zechte und unter einem Dache wohnte. Diese Bezeichnung war aber später für das Gefolge außer Gebrauch gekommen und hatte dann für den neuen

---

[10] Die Naturalentlohnung war eine Folge der damaligen Wirtschaftsform, aber nicht die Ursache der Aufnahme des Gesindes in die Hausgemeinschaft, so aber *Kähler*, S. 3.

[11] So *Eucken*, S. 128.

[12] Dies betont zu Recht *Hertz*, S. 4.

[13] Über Zusammensetzung sowie rechtliche Lage der sonstigen „Lohnarbeiterschaft" der damaligen Zeit (Tagelöhner, Handlungsgehilfen, Bergleute, städtische Bedienstete...) vgl. *Ogris*, Geschichte des Arbeitsrechts vom Mittelalter bis in das 19. Jahrhundert.

Stand von Arbeitskräften, wohl wegen seiner Aufnahme in die Hausgemeinschaft, Anwendung gefunden[14].

d) Zur Aufnahme in die Hausgemeinschaft wurde ein Gesindevertrag zwischen Herrschaft und Gesinde abgeschlossen, dessen rechtliche Formen schon im 13. Jahrhundert besonders ausgeprägt waren[15]. Das Gesinde wurde zur steten Arbeitsbereitschaft gegen entsprechende Vergütung verpflichtet; es mußte sich der Herrschafts-, Befehls- und Strafgewalt des Hausherrn unterwerfen sowie Treue gegenüber der Herrschaft geloben. Dadurch unterschied es sich von anderen Arbeitskräften, wie zum Beispiel Tagelöhnern, die nur vorübergehend in fremden Diensten standen und keine Aufnahme in die Hausgemeinschaft fanden. Die meist noch jugendlichen Gesindepersonen hatten sich dazu noch der Erziehungsgewalt der Herrschaft zu unterwerfen, deren wichtigster Ausfluß das Züchtigungsrecht bildete. Die starke Eingliederung des Gesindes in die Hausgemeinschaft, seine Unterordnung unter die hausherrliche Gewalt brachte auch tatsächliche und rechtliche Vorteile: Der Gehorsamspflicht des Gesindes entsprach die Fürsorgepflicht der Herrschaft. Sie übernahm Pflichten gegenüber dem Gesinde, haftete für dieses nach außen und vertrat es in allen Rechtshandlungen gegenüber Dritten; dazu kam, daß mit der Aufnahme in die Hausgemeinschaft das Gesinde vor sonstigen Gefahren geschützt war, die in jener Zeit drohten, als Sicherheit und Ordnung noch nicht von einer starken Polizei gewährleistet wurden. Trotz Über- und Unterordnung enthielt das Gesindeverhältnis beiderseitige Rechte und Pflichten zwischen Herrschaft und Gesinde. Es war ein Gemeinschaftsverhältnis, das von der „Munt", der hausherrlichen Schutzgewalt, beherrscht war[16].

Zur Kennzeichnung des derart rechtlich gestalteten Gemeinschaftsverhältnisses hat sich allgemein das Attribut „patriarchalisch" eingebürgert[17], ein Begriff, dessen Inhalt wenig greifbar war und mit dem auch viel Mißbrauch getrieben worden ist[18]. Man versuchte damit, ein „ideales" Verhältnis zwischen Herrschaft und Gesinde in jener alten Zeit der Hauswirtschaft zu zeichnen[19], obgleich doch zweifelhaft ist, ob jemals ein solches ausgeglichenes, ideales Verhältnis trotz Über- und Unterordnung und Zugehörigkeit des Gesindes zu einem besonderen Stand bestanden

---

[14] Vgl. hierzu eingehend *Könnecke*, S. 239 ff.
[15] So O. *v. Gierke*, S. 595, vgl. auch seine Abhandlung „Die Wurzeln des Dienstvertrages" zum Versuch, den Gesindedienstvertrag aus dem Treudienstvertrag des freien germanischen Gefolgsmannes abzuleiten; gegen diese „romantisierende" und überwiegend abgelehnte Ansicht zuletzt *Ogris*, S. 294 Anm. 31.
[16] Vgl. dazu eingehend *Könnecke*, S. 251 ff.
[17] So z. B. auch O. *v. Gierke*, S. 644.
[18] Darauf weist mit Recht hin: *v. d. Goltz*, Soziale Bedeutung, S. 28.
[19] Im gleichen Sinne auch *Stillich*, S. 19.

hat, insbesondere wenn man zum Beispiel den Passauer Rechtsbrief aus dem Jahre 1300 heranzieht, in dem es in § 32 heißt: „Wer einen knecht oder ein dirn in seinem brot, was er mit dem zürnet angewaffender hant an den tode, d a i s t e r n y e m a n t u m b s c h u l d i g[20]." Das Gewaltverhältnis zwischen Herrschaft und Gesinde wird in jenen Anfängen des Gesindewesens eher eine Folge der Arbeitsbedingungen jener Wirtschaftsform und der damit verbundenen Interessen der Herrschaften gewesen sein, als Idealvorstellungen über die persönlichen Beziehungen von Herrschaft und Gesinde entsprochen haben.

e) Der größte Teil der Gesindepersonen war bei seiner ersten Vermietung noch nicht erwachsen. Diese Tatsache ist zwar nicht direkt überliefert, sie läßt sich aber aufgrund neuzeitlicher statistischer Angaben über die altersmäßige Zusammensetzung des Gesindestandes vermuten[21], da sich in dieser Hinsicht das Gesindewesen nicht wesentlich gewandelt hat. Auch die Tarifordnungen aus dem Jahre 1645, die auf „einen Ackerjungen, der den Pflug treibt und nicht den Garben heben kann"[22], Bezug nehmen, bestärken die Annahme, daß die Gesindepersonen schon in jungen Jahren in fremde Dienste traten.

Für die bäuerlichen Familien bedeutete das Verdingen ihrer Kinder bei fremden Herrschaften einen wirtschaftlichen Verlust. Ihr Ausscheiden aus der Hauswirtschaft durfte daher nur mit Einwilligung des Hausvaters geschehen; dieses war schon frühzeitig in örtlichen Rechten zum Ausdruck gekommen.

So war nach Bremer, Verdener und Oldenburger Recht aus den Jahren 1303, 1345 und 1428[23] der Vertrag vom Hausherrn zu schließen; nach anderen Rechten konnte er zumindest nicht ohne dessen Erlaubnis wirksam abgeschlossen werden[24]. Entsprechend lautete es auch in der Landesordnung für Samland, Natangen und Ermland aus dem Jahre 1427:

„Item das kein Prewsch Knecht oder Magt sich czu eyne anderen Prewssen solle vermitten ane ihrer eldern wille noch wisse. — Gescheys ane der eldern wissen, die mogen die mitte brechen vunde, widerrufen vunde ire kynder weder czu yn nehmen[25]."

Die Eltern waren an die erteilte Zustimmung gebunden, wie zum Beispiel Eintragungen in den Gerichtsbüchern von Amorbach aus dem Jahre 1433 bezeugen[26]. Sie konnten andererseits, solange sie lebten, die Ein-

---

[20] Mitgeteilt bei *Gengler*, S. 351.
[21] Vgl. z. B. *v. d. Goltz*, a.a.O., S. 19 (1873); ähnlich *Süskind*, S. 45; vgl. auch Altersübersicht bei *Kähler*, S. 41.
[22] Mitgeteilt bei *Könnecke*, Tabelle zwischen S. 624 und 625.
[23] Mitgeteilt bei *Könnecke*, S. 442.
[24] Vgl. dazu die Nachweise bei *Steffen*, S. 7 f.
[25] Mitgeteilt von *Hertz*, S. 16.
[26] Vgl. dazu *Könnecke*, S. 441 Anm. 2.

2. Anfänge des Gesindewesens

willigung widerrufen; selbst die Mündigkeit der Kinder scheint insoweit nicht einmal eine Grenze für die elterliche Gewalt gewesen zu sein; dies bestätigt zum Beispiel eine Gesindeordnung des Jahres 1427, wonach jede Miete ohne Erlaubnis der Eltern ungültig sei, „... die weile Vater unde muter leben[27]." Der Dienstherr war in diesem Fall verpflichtet, die Gemieteten ohne Widerrede ziehen zu lassen; wenn er sich weigerte, konnte ihm nach einer Gesindeordnung der Niederlande vom Jahre 1444 eine Strafe von einer guten halben Mark auferlegt werden. Da allgemein anerkannte Verhaltensweisen zu ihrer Beachtung keiner Strafandrohung bedürfen, läßt sich schon aus dem Bestehen einer solchen Vorschrift schließen, daß die Kinder in jener Zeit oft ihren Eltern „frevelig" fortgelaufen waren oder „lauffen nach irem willen czu den burgern czu dynen". Auch die Bestimmung einer Gesindeordnung der Niederlande vom Jahre 1444 scheint der Bekämpfung jenes Übels gegolten zu haben, wenn sie solche Söhne und Töchter, die ihre Eltern verlassen hatten und ohne deren Erlaubnis in Dienste getreten waren, mit dem Verlust des Erbrechts bedrohte.

f) Diese verschiedenartigen Rechtsgestaltungen in den durch Quellen belegten Anfängen des Gesindewesens als besonderes Gesinderecht zu bezeichnen, ist, wie Könnecke für die von ihm zitierten Quellen mit Recht bezweifelt[28], durchaus fraglich. Die hausväterliche oder elterliche Genehmigung bei der Vermietung der Kinder als Gesinde gehörte aus heutiger Sicht gesehen zunächst in den Bereich der Rechtsbeziehungen zwischen Eltern und Kindern[29]. Da das ältere Recht aber nicht abstrakt, sondern konkret auf das Leben bezogen dachte[30], sind diese Bestimmungen auch nicht losgelöst vom Gesindewesen zu betrachten, wie dies auch schon in der Stellung des von Könnecke mitgeteilten Statutes zum Ausdruck kommt[31]. Dieses hatte zunächst entfernt von den gesinderechtlichen Vorschriften gestanden und war später als letzte Bestimmung dem Gesinderecht angefügt worden. Diese Rechtsbestimmungen standen in enger, sachlicher Beziehung zum Gesinderecht. Sie bildeten den Ansatzpunkt zur Entwicklung einer spezielleren, auf das Gesindewesen bezogenen Vorschrift.

Aus den Quellen jener Epoche des Gesindewesens ist nicht ersichtlich, ob die Kinder soweit verselbständigt waren, daß sie ihre Dienstzeit ver-

---

[27] s. hierzu *Steffen*, a.a.O. auch im folgenden.
[28] *Könnecke*, S. 442.
[29] Nicht nur die „Minderjährigkeit", so aber *Könnecke*, S. 441 f. (Unmündigkeit wäre rechtshistorisch zutreffender), sondern auch die Muntgewalt, die auch nach Erreichen der Mündigkeit fortbestehen konnte, begründete das Erfordernis der Genehmigung; das Ausscheiden aus der Munt wurde erst nach der Rezeption mit der Mündigkeit verbunden; vgl. dazu *Mitteis*, S. 33.
[30] *Mitteis*, S. 1.
[31] *Könnecke*, a.a.O.

längern oder sogar die Herrschaft wechseln konnten, wenn ihnen einmal die Zustimmung zum Eintritt in fremde Dienste erteilt worden war. Es wird von der besonderen Gestaltung des einzelnen Falles abgehangen haben, in der erstmaligen Zustimmung eine allgemeine Zustimmung für die Verlängerung des Dienstes bei der Herrschaft oder sogar für den Wechsel der Herrschaft anzunehmen, je nachdem ob die räumliche Entfernung zwischen Eltern und dienenden Kinder so groß geworden war, daß das Einholen einer erneuten Zustimmung zu große Schwierigkeiten bereitet hätte. In solchen Fällen wird sich allmählich die Sitte herausgebildet haben, in der ersten Zustimmung im Zweifel eine allgemeine Zustimmung für jede weitere Gesindetätigkeit zu sehen. Da in den Anfängen des Gesindewesens noch keine große Mobilität, d. h. kein steter, kurzfristiger Wechsel des Gesindes in seinen Dienstverhältnissen herrschte, dieses größten Teils erst mit seiner Verheiratung aus den Diensten ausschied oder den Dienstherrn verließ, wenn es mündig geworden war[32], läßt sich eine derart gestaltete, bereits niedergeschriebene Rechtsnorm noch nicht nachweisen.

Erst die folgende Epoche des Gesindewesens, in der sich die Wanderungshäufigkeit des Gesindes verstärkte, schuf eine der Grundlagen für die Entstehung einer solchen, allgemeinen Norm; dieser sollte aber noch keine große Bedeutung zukommen, da sich gleichzeitig Formen des Gesindezwangsdienstes entwickelten und nicht mehr der selbständig wirksam abgeschlossene Vertrag, sondern die Untertänigkeit der Bauernkinder die Dienstpflicht begründete und der Vertrag nur noch zur Konkretisierung der schon feststehenden Rechte und Pflichten diente.

Diese Epoche bedarf einer kurzen Darstellung, da sich in ihr die soziale und rechtliche Lage des Gesindes erheblich wandelte[33].

3. Epoche der Polizeiordnungen

In dieser, etwa mit dem 15. Jahrhundert ansetzenden Epoche, lag der Schwerpunkt der gesinderechtlichen Entwicklung auf dem Gebiet des öffentlichen Rechts: Das Gesindewesen wurde ein Gegenstand der polizeilichen Regelung. Dazu hatten folgende Tatsachen geführt:

a) Die Zeit des ausgehenden Mittelalters war reich an Klagen über einen empfindlichen Mangel an Arbeitskräften[34]. Die Ursachen dafür sind

---

[32] Die Mündigkeitsalter lagen im Mittelalter in den verschiedenen Rechten zwischen dem 18. und 25. Lebensjahr; vgl. *Conrad* I, S. 397 f.

[33] *Kollmann*, S. 261 ist nicht zuzustimmen, wenn er bemerkt, daß die rechtlichen Fundamentalanschauungen im Gesindewesen seit dem 12. und 13. Jahrhundert nur wenig Veränderungen erfahren haben.

[34] Vgl. hierzu im einzelnen *Könnecke*, S. 323.

3. Epoche der Polizeiordnungen

schwer festzustellen, da jene Klagen hauptsächlich von den Herrschaften und damit einseitigen Betrachtern erhoben wurden. Das gesteigerte Bedürfnis nach Arbeitskräften stand sicherlich im Zusammenhang mit dem Aufkommen der Söldnerheere und dem damit verbundenen Seßhaftwerden vieler Ritter, die sich nun als Landwirte betätigten[35]. Sowohl die durch den Schwarzen Tod verursachten Bevölkerungsverluste mögen eine Rolle für die gestiegene Nachfrage gespielt haben[36], als auch die durch den 30jährigen Krieg geschaffenen wirtschaftlichen Verluste[37], wie auch allgemein das verstärkte Gewinnstreben der Stände, der Gutsherrschaften, die Nachfrage gesteigert haben mag. Fest steht, daß die Arbeitskraft des Gesindes knapper, wertvoller und damit begehrter geworden war, daß, wie die „Kaiserliche Ordnung und Reformation guter Polizey" vom Reichstag in Augsburg im Jahre 1530 sich ausdrückte, „daß einer dem anderen seine Knechte und Diensthalter auffsetzlicher Weiss thut abdingen, auch Dienstbotten und Knecht zu Zeiten mitwilliglich aus ihren Diensten treten..."[38]. Das Gesinde war selbstbewußter geworden, es forderte höhere Löhne und konnte sich dank der großen Nachfrage erlauben, allzu drückende Arbeitsverhältnisse vorzeitig abzubrechen.

Die politisch erstarkten Stände setzten alles in Bewegung, um der empfindlichen Gesindenot Herr zu werden, ihren Bedarf an gesindlichen Arbeitskräften zu decken und alles zu unterbinden, was die ausreichende Versorgung mit Arbeitskräften hinderte. So galt ihr Kampf hauptsächlich den Vertragsbrüchen und erhöhten Lohnforderungen des Gesindes.

b) Diese wirtschaftlichen Interessen hatten sich deutlich in den zahlreich erlassenen Polizeiordnungen jener Zeit niedergeschlagen, an deren Erlaß und inhaltlicher Gestaltung die herrschenden Stände ein auffälliges Interesse gezeigt hatten. Lennhoff vermittelt in seiner Darstellung des ländlichen Dienstwesens in der Kurmark Brandenburg von 16. bis 19. Jahrhundert einen anschaulichen Einblick darüber, mit welcher Anteilnahme die Landstände sich unablässig für den Erlaß von Gesindeordnungen eingesetzt hatten, welch starkes Interesse sie daran gehabt hatten, sich durch hoheitliche Ordnungen die nötigen Arbeitskräfte zu beschaffen[39].

aa) So befaßten sich die Polizeiordnungen jener Zeit lediglich mit einer Seite des Gesindewesens, mit der Zuordnung von Gesindekräften zu den Diensten der Herrschaften. Es wurden im Zusammenhang mit der politi-

---

[35] So Könnecke, S. 29.
[36] So Lütge, S. 127.
[37] So Bechtel, S. 206.
[38] Mitgeteilt bei Könnecke, S. 36.
[39] Es wird dazu allgemein auf seine Darstellung hingewiesen.

schen Entmachtung des Bauernstandes, welches die Gesindepersonen lieferte, Formen des Gesindezwangsdienstes eingeführt.

Die Herrschaft erhielt ein absolutes Recht auf einige Dienstjahre, in der Regel drei Jahre[40], die alle Kinder der ansässigen und nichtansässigen Untertanen abzuleisten hatten[41]. Diese mußten ihre Dienste der Herrschaft anbieten, wenn sie aus dem väterlichen Hause heraustreten wollten und in Dienste gehen wollten[42]. Der Gesindezwangsdienst, der in Ostdeutschland und Bayern mit dem 16. Jahrhundert aufgekommen war, hatte bald in großen Teilen Deutschlands Verbreitung gefunden[43], dies besonders in den ostdeutschen Gebieten, wo sich die Zwangsbindungen zwischen Herrschaft und Gesinde intensiver gestalteten[44].

bb) Neben der Versorgung mit ausreichenden Arbeitskräften galt es durch Einführung von Tarifordnungen den Lohnforderungen des Gesindes entgegenzutreten. Während im Mittelalter noch „uf Gnade" gedient worden war, die Bemessung der Lohnhöhe im Belieben der Herrschaft gestanden hatte und in der folgenden Zeit das Gesinde mit immer höheren Lohnforderungen hervorgetreten war, wurde nun, um der Preistreiberei Einhalt zu gebieten, die Höhe der Löhne in Taxordnungen von den Herrschaften einseitig festgesetzt.

cc) Den vorzeitigen Abbruch des Dienstverhältnisses sollten Schadensersatzpflicht und öffentliche Bestrafung des Gesindes verhindern. Die Strafbarkeit des Dienstvertragsbruchs, dessen Ansätze sich schon im Mittelalter nachweisen ließen[45], wurde in jener Zeit in vielen Polizeiordnungen eingeführt. Für das böswillige, vertragsbrüchige Verhalten des Gesindes wurden die verschiedensten Strafen festgesetzt; so ordnete zum Beispiel die Hannoversche Gesindeordnung vom Jahre 1732 Gefängnis bei Wasser und Brot an, die Gesindeordnung von Wolfenbüttel aus dem Jahre 1748 sogar Zuchthaus, nötigenfalls Strafpfahl und Lohnverlust. Dazu sahen fast alle Polizeiordnungen die zwangsweise Zuführung zum Dienst für den Fall vor, daß eine Gesindeperson vorzeitig das Verhältnis brach.

Die Bestimmungen der Polizeiordnungen sollten einzig und allein der Festigung des Gesindeverhältnisses, der Versorgung der Herrschaft mit genügend Arbeitskräften dienen. Sie benachteiligten das Gesinde erheblich; das patriarchalische Verhältnis zwischen Herrschaft und Gesinde, das in den Anfängen vielleicht einmal bestanden haben mag, war jetzt

---

[40] Vgl. hierzu *Kollmann*, S. 247.
[41] Vgl. dazu im einzelnen *Könnecke*, S. 325 ff.
[42] Vgl. dazu *Kindlinger*, § 27, S. 95 ff.
[43] *Könnecke*, a.a.O.
[44] Vgl. dazu *Bechtel*, S. 223.
[45] Vgl. hierzu *Könnecke*, S. 770 ff. m. Nachw. auch im folgenden.

deutlich erkennbar einem auf Ausnutzung der gesindlichen Arbeitskräfte ausgerichteten Herrschaftsverhältnis gewichen.

c) Besonders seit jener Zeit erhielt das Wort „Gesinde" seinen verächtlichen Beigeschmack, der ihm noch heute anhaftet. Das „Gesindel", zu dem Knechte, Mägde und Dienstleute zählten, wurde als geistig minderwertig betrachtet; „Knecht", „Dienstbote" und „Magd" wollte sich niemand mehr nennen lassen[46]; sie gehörten zu einem sozial nicht geachteten Stand, der sich unter dauernder polizeilicher Kontrolle befand[47], wobei die Polizei stets einseitig die Interessen der Herrschaften vertrat[48]. Daß auch die Kirche auf Seiten der Herrschaften stand und sich nicht der benachteiligten Lage des Gesindes annahm, zeigte das alljährliche Verlesen der Gesindeordnungen von den Kanzeln[49]. Bekannt und nicht wenig einflußreich bei der Verteidigung jener Ordnung ist auch das Wort Luthers gewesen, daß das Gesinde eine Plage vor Gott sei, für das die Prügelstrafe ein angemessenes Mittel sei[50]. Die Gesindepersonen waren Arbeitskräfte geringeren Rechtes geworden, sie verrichteten Dienste, die eines Freien unwürdig galten[51].

4. Das Zeitalter der Gesindeordnungen

a) Es war nicht verwunderlich, wenn das Gesinde versuchte, sich den einseitigen und nachteiligen Regelungen, an deren inhaltlicher Gestaltung es keinen Anteil hatte, zu entziehen. Die Geschichte des Gesindewesens, besonders seit der Zeit der Polizei- und Gesindeordnungen, ist im wesentlichen durch den Kampf um die Nichtbeachtung der zahlreichen Bestimmungen gekennzeichnet. Diese standen sehr oft nur auf dem Papier und dokumentierten so die wirtschaftlichen Interessen der Herrschaften besonders deutlich; sie waren weitgehend Wunschvorstellungen und besaßen in der Praxis wenig Chancen, verwirklicht zu werden. Das Gesinde hielt sich nicht an diese Bestimmungen und schuf sich mangels Einflusses auf ihre Gestaltung eine eigene, tatsächliche Ordnung.

Versuche des Gesindes, sich durch Koalitionen, Gesindevereine, einen verstärkten Einfluß auf die Gestaltung der Arbeitsbedingungen zu verschaffen, wurden im Keim erstickt[52]. Auch waren die sonstigen Bedingungen für ein organisiertes Vorgehen nicht günstig; das Gesinde war

---

[46] Vgl. dazu *Könnecke*, S. 242 f., auch allgemein zum Bedeutungswandel des Wortes „Gesinde".
[47] So für die spätere Zeit *Süskind*, S. 55.
[48] Dies betont mit Recht *Stillich*, S. 368.
[49] Vgl. *Stillich*, S. 37.
[50] *Luther* XX, S. 273.
[51] So *Kollmann*, S. 237.
[52] Vgl. zu Koalitionsverboten *Könnecke*, S. 807 ff.

rechtlich und persönlich viel zu sehr in die häusliche Gemeinschaft eingegliedert, um sich allgemein organisieren zu können[53]. Es bildete auch noch keine festgefügte soziale Gruppe, da die Meisten nur vorübergehend, nicht aber ihr ganzes Leben lang Gesindedienste leisteten[54]. Sobald es sich dennoch „complottierend" in Häusern der Gesindemäkler versammelte oder zusammentraf, um sich „zu verabreden wie sie sich den Herrschaften gegenüber in ihren Diensten verhalten wollten", drohten empfindliche Strafen[55]. So blieb ihm nur übrig, aus besonders drückenden Dienstverhältnissen fortzulaufen, „ledigzusitzen"[56] und im Alter der Armenlast anheimzufallen.

Aber auch viele Herrschaften hielten sich wegen der großen Gesindenot und des gesteigerten Bedarfs nach Arbeitskräften nicht an die zahlreichen Tarifordnungen und sonstigen lästigen, die freie Vereinbarung hindernden Bestimmungen und spannten sich gegenseitig das Gesinde durch Überbieten aus; die Überschreitung der Lohntaxen zog dabei in den seltensten Fällen strafrechtliche Folgen nach sich[57].

Die mangelnde Beachtung der Bestimmungen bildete einen steten Anlaß zum Erlaß neuerer, wirksamerer Ordnungen. Die Entwicklung des Gesinderechts wird daher von einer umfangreichen und unablässigen Folge von Polizei- und Gesindeordnungen begleitet. So versuchte der Gesetzgeber, d. h. die Herrschaften, durch ständige Erneuerung, Verfeinerung und Anpassung der Vorschriften an die sich wandelnden Tatsachen des Gesindes Herr zu werden.

b) Auch die dritte Epoche in der Entwicklung des Gesinderechts war von diesen Bestrebungen beherrscht; durch neue und wirksamere Vorschriften sollten die Herrschaften mit ausreichenden Arbeitskräften versorgt werden. In dieser, mit dem 18. Jahrhundert einsetzenden Epoche wurden die gesinderechtlichen Bestimmungen aus dem polizeirechtlichen Bereich herausgelöst. Das Leben des Gesindes erfuhr entsprechend der Reglementiersucht des absoluten Staates eine gesonderte, eingehende, über das Polizeiliche hinausgehende Regelung aller Rechte und Pflichten zwischen Herrschaft und Gesinde, wobei die schon in den Polizeiordnungen enthaltene Benachteiligung des Gesindes fortgeführt wurde.

---

[53] Dies übersieht *Scheller*, S. 46, allerdings für die Zeit der Jahrhundertwende, wenn er betont, daß „vom Zusammenschluß so manches zu erreichen gewesen wäre". Vgl. hierzu auch *Kähler*, in: Heyde, S. 893: „Das Gesinde war nicht organisationsfähig."

[54] Im gleichen Sinne auch *v. d. Goltz*, Landarbeiterfrage, S. 228 f.

[55] Vgl. z. B. „Neuverfaßte Gesindeordnung für die Staedte und das platte Land der Alten Mark vom 14. 12. 1735, in: Mylius V Teil 3, S. 303.

[56] Vgl. *Könnecke*, S. 110.

[57] Anders *Ogris*, S. 288, der aus dem Sollen der zahlreichen Gesindeordnungen hierzu unrichtig auf das Sein schließt.

4. Das Zeitalter der Gesindeordnungen

c) In den überkommenen Vorschriften des Gesinderechts fand in jener Epoche auch eine neuer Gedanke Einzug, der bisher nur vereinzelt, besonders im südwestdeutschen Gesinderecht, gegolten hatte. Es war der Gedanke der Vertragsfreiheit, der für die Entwicklung des in § 113 BGB enthaltenen Rechtsgedankens ein wesentlicher Ansatzpunkt wurde.

Die weitverbreitete Mißachtung der Tarifordnungen und sonstigen Bestimungen sowohl durch Herrschaft als auch durch das Gesinde sowie die Minderwertigkeit der erzwungenen Leistungen bestärkten die Gesetzgeber des ausgehenden 18. Jahrhunderts immer mehr in der Erkenntnis, daß allein Angebot und Nachfrage „auf dem großen Markte" den Bedarf an Arbeitskräften wirksam regeln konnten[58]. Daher drang die Überzeugung durch, daß es schließlich kein Mittel gab, der Einzelvereinbarung zwischen Herrschaft und Gesinde einen wirksamen Riegel vorzuschieben. Der Gedanke, daß das Gesindeverhältnis zur gegenseitigen Zufriedenheit nur durch eine freie Vereinbarung zu begründen war, fand weite Verbreitung. Die von der französischen Revolution herstammenden Gedanken von Gleichheit und Brüderlichkeit aller Menschen sowie die Bemerkung Kants, daß das Gesindeverhältnis ein zeitlich begrenztes Verhältnis sei, trugen ebenfalls zu einer veränderten Einstellung bei; die Dienstboten wurden nun zum Beispiel „unsere unglücklichen Freunde" genannt[59]. So wurde der Gesindezwangsdienst abgeschafft, dies verstärkt mit der Befreiung des Bauern von den im Westen nur noch schwachen, im Osten dafür bis zur Sklaverei vertieften Resten grundherrschaftlicher Hörigkeit[60]. An seine Stelle trat der freie Dienstvertrag. Das freie Spiel der Kräfte, das sich gegen alle Polizeiordnungen seine eigenen Gesetze geschaffen hatte, war damit von den Gesindeordnungen anerkannt worden.

d) Entwicklungsgeschichtlich gesehen bedeutete die gesetzliche Anerkennung der Vertragsfreiheit einen Fortschritt. Es darf aber nicht übersehen werden, daß daraus keine wesentlichen Veränderungen in den Beziehungen von Herrschaft und Gesinde folgten. Denn diese Neuerung sollte keineswegs dem Gesinde zugutekommen, sondern wiederum nur der wirksameren Durchsetzung der herrschaftlichen Interessen dienen. So bewahrte das Gesindeverhältnis im wesentlichen seinen überkommenen Charakter[61], was auch in den einzelnen Bestimmungen der zahlreichen Gesindeordnungen zum Ausdruck kam. Sie dienten mit ihrer rechtlichen Benachteiligung den ökonomischen Bedürfnissen der Herrschaften nach billigen Arbeitskräften. Nur die Mittel zur Erreichung

---

[58] Vgl. *Könnecke*, S. 92 ff. m. Nachw.; s. auch *Kollmann*, S. 252.
[59] Vgl. dazu im einzelnen *Könnecke*, S. 89 f. sowie 104 ff.
[60] *Brinkmann*, S. 122.
[61] So auch *Könnecke*, S. 321, ohne jedoch die Gründe dafür zu erkennen.

dieses Zieles waren den veränderten Umständen angepaßt worden[62]. Der Gedanke der Vertragsfreiheit, der in einem Zeitalter aufgekommen war, das den Egoismus zum Zeitgeist hatte[63], eignete sich besonders gut zur Fortsetzung der schon seit Jahrhunderten betriebenen Unterdrückung und Ausnutzung des Gesindes. Die Vertragsfreiheit bedeutete für die Herrschaften etwas anderes als für das Gesinde; das Postulat der freien Selbstbestimmung war eine Fiktion; in der Praxis führte es zum Diktat der Lohn- und Arbeitsbedingungen durch die Herrschaften; das Gesinde mußte angesichts seiner wirtschaftlich und sozial benachteiligten Stellung die von den Herrschaften diktierten Bedingungen annehmen. So ist es auch verständlich, daß „die rationalistische Auffassung des Gesindevertrages"[64] die überkommenen Elemente der Ungleichheit nicht verdrängen konnte. Mit dem Eindringen der Vertragsfreiheit hat sich daher die überkommene Verfassung des Gesindewesens nur wenig verändert. Die Herrschaften blieben die beherrschenden Gestalter der Arbeitsbedingungen. Dies wurde auch besonders deutlich in der Einführung der Dienstbücher.

Soweit die Durchführung des Grundsatzes der Vertragsfreiheit den herrschaftlichen Interessen widersprach, wurde die Vertragsfreiheit erheblich eingeschränkt, wie das verstärkte Aufkommen der Dienstbücher in jener Zeit beweist: Der Gedanke der freien Begründung und Vereinbarung der Vertragsverpflichtungen schloß auch die Freiheit zur vorzeitigen vertragswidrigen Lösung, verbunden mit einer Ersatzpflicht auf Seiten des Vertragsbrüchigen, ein. Das Gesinde machte von dieser Möglichkeit, die auf Zeit abgeschlossenen Verträge vorzeitig zu lösen, angesichts der unverändert drückenden Verhältnisse regen Gebrauch. Diese äußerst nachteilige Seite der Vertragsfreiheit suchten daher die Herrschaften zu umgehen; sie erreichten die Einführung von Dienstbüchern[65]. Das Gesinde durfte von einer Herrschaft nur gemietet werden, wenn in einem von der Polizei ausgestellten Dienstbuch, das der jeweiligen Herrschaft zu übergeben und von dieser zu verwahren war, der ordnungsgemäße Abgang, die Höhe des bezahlten Lohnes sowie Bemerkungen über die allgemeine Führung verzeichnet waren. Diese Dienstbücher, deren Aufkommen sich schon in den Zeiten der Polizeiordnungen nachweisen läßt[66], hatten im 19. Jahrhundert nach dem Eindringen des freien Dienstvertrages starke Verbreitung gefun-

---

[62] Die Gesindeordnungen waren daher nicht bemüht, ein Gleichgewicht zwischen Herrschaft und Gesinde herzustellen. So aber *Kollmann*, S. 258, der die wahre Bedeutung der Vertragsfreiheit verkennt.

[63] So *Muchow*, S. 111.

[64] Wie *Könnecke*, a.a.O., sich ausdrückt.

[65] z. B. in Preußen durch Verordnung vom 29. 9. 1846 (G.S. 467); vgl. dazu im einzelnen *Lindenberg*, S. 16 ff.

[66] Vgl. dazu eingehend *Stillich*, S. 304.

4. Das Zeitalter der Gesindeordnungen

den. Sie dienten zur Beschränkung der Vertragsfreiheit[67]; das Gesinde wurde zur Einschränkung seiner Freiheit „an die Fußkette polizeilicher Legitimation gelegt"[68].

e) In den umfassenden, alle Rechte und Pflichten zwischen Herrschaft und Gesinde regelnden Gesindeordnungen jener Zeit, in denen der „freie" Vertrag die Dienstverpflichtung begründete, finden sich bereits die *gesetzlichen* Vorstufen des im § 113 BGB enthaltenen Rechtsgedankens. So läßt sich äußerlich gesehen in großen Schritten der Weg von den §§ 6, 8 Teil 2 Titel 5 ALR über die gleichlautenden §§ 6, 8 der Preußischen Gesindeordnung vom 8. November 1810[69] über eine weitere Anzahl von Gesindeordnungen zum § 6 des Preußischen Gesetzes vom 12. Juli 1875 und Art. 3 Ziff. 2 des Württembergischen Gesetzes vom 30. Juni 1865 und zum § 113 BGB zeichnen.

aa) Schon im ALR von 1794, das als einziges großes Gesetzbuch gesinderechtliche Vorschriften unter einem besonderen Titel enthalten hatte[70], wurde deutlich, daß die Vorläufer des § 113 BGB das Sonderrecht eines bestimmten Standes darstellten. Während nach den allgemeinen Bestimmungen über die Wirksamkeit von Rechtsgeschäften in den §§ 21 ff. Teil 1 Titel 4 nur vorteilhafte Rechtsgeschäfte von Unmündigen und Minderjährigen wirksam vorgenommen werden konnten, lautete es in den §§ 6 und 8 des 2. Teiles im 5. Titel unter der Überschrift „Rechte und Pflichten der Herrschaften und des Gesindes" folgendermaßen:

§ 6. Kinder, die unter väterlicher Gewalt stehen, dürfen ohne Einwilligung des Vaters und Minderjährige ohne Genehmigung ihres Vormundes sich nicht vermiethen.

§ 8. Nur wenn die Einwilligung in den Fällen der §§ 6 und 7 auf eine gewisse Zeit oder zu einer bestimmten Dienstherrschaft ausdrücklich eingeschränkt worden, ist die Erneuerung derselben zur Verlängerung der Zeit oder bei einer Veränderung der Herrschaft erforderlich.

Beide Vorschriften zusammen enthielten schon den Gedanken des späteren § 113 BGB. Die einmal erteilte Ermächtigung, in den Gesindedienst zu treten, galt im Zweifel als allgemeine Einwilligung für jede Art von Gesindetätigkeit, auch unter verschiedenen Herrschaften. Die von minderjährigen Gesindepersonen selbständig abgeschlossenen Verträge waren wirksam. So galt für Personen im nichtmündigen Alter im ALR zweierlei Recht: Gehörten sie dem Gesinde an, konnten sie schon

---

[67] Die wahre Bedeutung dieser Bücher verkennt daher *Ogris*, S. 288, wenn er ihnen lediglich die Behebung von Mißständen bei der Lohnabrechnung zuschreibt.
[68] So *Stieda*, mitgeteilt bei *Stillich*, S. 312.
[69] GS 104 ff.
[70] O. v. *Gierke*, S. 641.

als Kinder Verträge selbständig abschließen, während für alle anderen Minderjährigen die Unfähigkeit, rechtlich nicht vorteilhafte Verträge abzuschließen, erst mit dem vollendeten 25. Lebensjahr endete[71]. Für die minderjährigen Gesindepersonen galt ein Sonderrecht, das nicht in erster Linie vom Schutz vor den Gefahren des Rechtsverkehrs geprägt war.

bb) Dieses Sonderrecht galt auch in der nach Aufhebung von Erbuntertänigkeit und Dienstzwang auf die veränderten Umstände angepaßten Preußischen Gesindeordnung vom 8. November 1810 in den §§ 6, 8 fort, da diese Gesindeordnung im wesentlichen eine Neuauflage des 5. Titels des 2. Teils des ALR darstellte[72].

cc) Der in beiden Vorschriften enthaltene Gedanke, daß die erste väterliche oder vormundschaftliche Einwilligung, in den Gesindedienst zu treten, sich im Zweifel auf alle späteren Vermietungen erstreckte, hatte in jener Zeit auch in zahlreichen Gesindeordnungen Ausdruck gefunden[73]. Die in diesen Ordnungen enthaltenen Gedanken bildeten, soweit sie nicht kodifiziert waren, unstreitiges *allgemeines* Gewohnheitsrecht[74]. Es handelte sich hierbei allerdings nicht um gemeines Recht, wie vielfach angenommen wurde[75], soweit darunter das den veränderten Umständen und Bedürfnissen angepaßte, rezipierte römische Recht verstanden wurde, sondern um partikuläres Recht, das sich auf heimischer Grundlage entwickelt hatte und vom römischen Recht nicht verdrängt worden war.

Im römischen Recht hatte sich unter den andersartigen sozialen Bedingungen eine erweiterte rechtliche Selbständigkeit des einfache Dienste leistenden Unmündigen nicht entwickeln können; dort wurden alle Arbeiten, die das Gesinde im deutschen Bereich erledigte, von unfreien, im Eigentum des Hausherrn stehenden Sklaven verrichtet. Diese benötigten zur Leistung niederer Dienste keine erweiterte rechtliche Selbständigkeit. Soweit ihnen jedoch ein „peculium castrense" oder „peculium quasi castrense", d. h. ein Sondergut, überlassen worden war, über das sie frei und selbständig verfügen durften und über das der Hausherr keinerlei Rechte, weder Verwaltungs- noch Nutznießungs-

---

[71] § 18, I, 5 ALR; vgl. dazu *Koch*, S. 198.

[72] Vgl. *Lindenberg*, Einleitung, S. 1.

[73] §§ 4, 7 Nassauer GesO vom 15. 5. 1819; § 7 GesO vom 25. 2. 1840 für die Herzogtümer Schleswig und Holstein; vgl. dazu *Paulsen*, S. 142; vgl. dazu auch *Falck* V, S. 85 Anm. 89; DienstbotenO für die Landdrosteibezirke Hannover, Hildesheim, Lüneburg und die Harzbezirke vom 15. 8. 1844; vgl. *Herrenhaus*, S. 63; *Böhlau*, S. 93 m. Nachw. für Mecklenburg; GesO für Neuvorpommern und Rügen vom 14. 4. 1845; Hamburger VormundschO von 1879, Art. 59 Abs. 4, diese bezieht sich auch auf das städtische Gesinde sowie auf „Gesellen, Gehülfen und Lehrlinge"; weitere Nachw. auch bei *Kähler*, S. 137.

[74] So *Böhlau*, S. 93; allgemein dazu *Dankwardt*, S. 238 ff.; *Kraut*, S. 630.

[75] So auch *Unger*, S. 31; im gleichen Sinne *Staudinger-Coing*, § 113 Anm. 1; *Oertmann*, S. 366.

4. Das Zeitalter der Gesindeordnungen

rechte mehr hatte, erlangten sie dadurch zwar eine vermögensrechtliche Selbständigkeit und daraus folgend auch eine erweiterte rechtliche Handlungsfreiheit; diese bezog sich aber nur auf *höhere, selbständige* Tätigkeiten, auf den Dienst am Vaterlande in seinen verschiedensten Formen sowie den Betrieb eines Gewerbes, die Bewirtschaftung von Gütern. In dieser Beschränkung war das Institut auch rezipiert worden; es hatte keine Geltung für die Tätigkeit des Gesindes erlangt, wie auch Fitting in seiner Untersuchung über das „Castrense Peculium" im Anschluß an einen Schriftsteller aus dem 17. oder 18. Jahrhundert festgestellt hat, wenn er schrieb: „Was ein Hauskind als Dienstbote erwirbt, ist zwar dem Rechte nach adventicium regulare — d. h. Vermögen, an dem der Vater Verwaltung und Nutznießung hat (Einschub des Verfassers) —, aber der Vater wird doch nicht so u n v e r s c h ä m t sein (Hervorhebung Fittings), wirklich die Nutzung solcher Vermögensstücke in Anspruch zu nehmen[76]."

dd) So bestimmte § 6 des Pr. Gesetz vom 12. Juli 1875 über die Geschäftsfähigkeit der Minderjährigen lediglich, was für das Gesinde gewohnheitsrechtlich oder kodifiziert schon allgemein gegolten hatte:

§ 6. Hat der Vater oder Vormund seine Genehmigung erteilt, daß der Minderjährige in *Dienst oder Arbeit*[77] (Hervorhebung des Verfassers) trete, so ist Letzterer selbständig zur Eingehung und Auflösung von Dienst- oder Arbeitsverhältnissen der genehmigten Art befugt.

Dem Vater oder Vormund steht es frei, eine solche Genehmigung zurückzuziehen, oder einzuschränken, soweit dadurch Rechte Dritter nicht beeinträchtigt werden.

Dasselbe galt auch für die Bestimmung des Art. 3 Ziff. 2 des Württembergischen Gesetzes vom 30. Juni 1865:

Minderjährige, welche nicht mehr in der Verpflegung und Unterhalt ihrer Eltern oder ihrer Pfleger stehen, können durch *Dienst = Verträge*[78] (Hervorhebung des Verfassers) sich verpflichten, insoweit es dabei bloß um ihre persönlichen Dienste handelt und die von ihnen in diesen Verträgen übernommenen Verpflichtungen den regelmäßigen nach örtlichen, beziehungsweise gewerblichen Herkommen zu bemessenden Umfang der an das betreffende Dienstverhältnis sich knüpfenden Verpflichtungen nicht überschreiten. Eine Ausnahme tritt ein, wenn ihnen die Verdingung im Allgemeinen oder der Abschluß des einzelnen Vertrages von ihrem Vater oder Vormund untersagt worden war, und dies dem anderen vertragschließenden Theile zur Zeit des Vertragsschlusses bekannt war.

§ 113 BGB, der sich eng an diese beiden Vorschriften anlehnte[79], entsprach daher einer in der Praxis weit „erprobten und zweckmäßigen" Norm[80].

---

[76] *Fitting*, S. 645 f. Anm. 8.
[77] Vgl. dazu weiter unten S. 38 f.
[78] Vgl. dazu weiter unten S. 38 f.
[79] So die Begründung in den Motiven I, S. 144; vgl. auch *Gebhard*, S. 46.
[80] So *Schilling*, mitgeteilt in Zusammenstellung zu § 68, S. 121.

5. Zusammenfassung der Gründe für die Entstehung der Vorschrift

Dieser Entstehungsgeschichte des § 113 BGB, seinen vereinzelten Ansätzen in den Anfängen des Gesindewesens, seiner Entwicklung zum Gewohnheitsrecht in den Zeiten der Polizei- und Gesindeordnungen sowie seiner gesetzlichen Formulierung im BGB hatten die im Gesindewesen entwickelten besonderen Arbeitsbedingungen zugrunde gelegen. Bei isolierter Betrachtung lassen sich dabei folgende Bedingungen erkennen, die, was nicht übersehen werden darf, erst im Zusammenwirken die besonders gestaltete rechtliche Selbständigkeit des Minderjährigen im Gesindedienst geprägt hatten.

a) Es war einmal die räumliche Entfernung der minderjährigen Gesindepersonen zu ihren Eltern und Vormündern; insbesondere wenn sie sich in die Stadt in fremde Dienste begeben hatten, war angesichts der damaligen Verkehrsverhältnisse eine erweiterte rechtliche Selbständigkeit einfach unumgänglich, damit sie erfolgreich für ihr Fortkommen sorgen konnten. Die Entfernung stellte in diesem Zusammenhang eine große „Macht" dar, die zu einer irgendwie gearteten, erweiterten rechtlichen Selbständigkeit und Selbstverantwortlichkeit drängte. Diese Tatsache wurde wohl am deutlichsten in den §§ 5, 6 der Deutschen Seemannsordnung vom 17. Dezember 1872[81], in denen wegen der großen Entfernungen zwischen Eltern und den zur See fahrenden minderjährigen Kindern diesen ebenfalls eine erweiterte rechtliche Selbständigkeit zuerkannt worden war. Auch die im römischen Recht entwickelte, vermögensrechtliche Selbständigkeit des im Heere dienenden Hauskindes, des „peculium castense", hatte sich zunächst aufgrund der großen Entfernungen entwickelt[82].

b) Neben dem Moment der Entfernung wirkten aber auch noch subjektive Bedingungen bei der Entwicklung der Norm mit; so das mangelnde Interesse der Eltern am Wohlergehen ihrer meist zahlreichen, kaum zu ernährenden Kinder, wenn diese sich erst einmal wirtschaftlich verselbständigt und in fremden Diensten ihren Unterhalt gesucht hatten; auch werden die Eltern sehr bald erkannt haben, daß eigentlich nur ihre Kinder selbst beurteilen konnten, bei welchen Herrschaften ihnen der Dienst am meisten zusagte. Hinzu kam, daß sich ihre rechtliche Selbständigkeit gar nicht soweit entfalten konnte, da sie in die Haus- und Lebensgemeinschaft der Herrschaft aufgenommen wurden und der Bereich der dort anfallenden Rechtsgeschäfte nicht allzu groß war[83].

---

[81] GBl. S. 410.

[82] Vgl. dazu eingehend *Jörs-Kunkel-Wenger*, § 185, 1.

[83] Vgl. die vorsichtige Formulierung des Art. 3 Ziff. 2 des Württembergischen Gesetzes von 1865 oben S. 31; dies war auch der innere Grund dafür, daß

5. Zusammenfassung der Gründe für die Entstehung der Vorschrift

Diese objektiven und subjektiven Momente, die das Verhältnis des Minderjährigen zu seinem gesetzlichen Vertreter beherrschten, hatten bei der Entstehung der erweiterten rechtlichen Stellung der Minderjährigen mitgewirkt.

c) Der entscheidende Einfluß, der zur Entstehung des § 113 BGB, der besonderen, erweiterten rechtlichen Selbständigkeit und Selbstverantwortlichkeit des Minderjährigen geführt hatte, war jedoch ausschließlich im Verhältnis des Minderjährigen zu seinem Arbeitgeber, zu den Herrschaften zu suchen. Die besondere, lediglich dem Interesse der Herrschaften dienende und davon beherrschte Verfassung des Gesindewesens hatte den entscheidenden Anstoß zur Entwicklung dieser Norm gegeben. Daß das Recht von den herrschenden Kreisen gesetzt und aufrecht erhalten wird[84], läßt sich auch für das gesamte Gesinderecht in besonderer Deutlichkeit erkennen. Es war ein Recht, das sich die Herrschaften zu ihren Gunsten geschaffen hatten, das in seiner mannigfaltigen Ausgestaltung allein ihren ökonomischen Interessen diente und — lediglich den Entwicklungen der Zeit angepaßt und verfeinert — immer nur auf das eine Ziel ausgerichtet war: Auf die Nutzbarmachung der Arbeitskraft des Gesindes. Dieses Ziel hatte das gesamte Gesinderecht beherrscht und das geprägt, was Renner den „organischen Charkter der Rechtsordnung" nannte, d. h. „die Tatsache, daß die Gesamtheit aller Rechtsinstitute einer Epoche alle allgemeinen Funktionen erfüllen muß, daß also das Recht ein gegliedertes, durch die Bedürfnisse der Gesellschaft bestimmtes Ganzes ist"[85]. Das Gesinde hatte sich deswegen zu einem besonderen, sozial nicht geachteten, politisch entmachteten und ungebildeten Stand von Arbeitskräften entwickelt, dessen Wert in seiner Arbeitskraft gelegen hatte. Die Nutzbarmachung dieser Arbeitskraft hatte das gesamte Gesinderecht beherrscht; diesem Ziel hatten in differenzierter Weise alle Bestimmungen gedient, die sich im Laufe der Entwicklung herausgebildet hatten. Dies galt auch für die Eigenverantwortlichkeit und rechtliche Selbständigkeit des minderjährigen Gesindes beim Abschluß von Dienstverträgen. Der Schutz der minderjährigen, in ihrem Denk- und Willensvermögen noch nicht ausgereiften Personen vor den Gefahren des Rechtsverkehrs galt nur für die Minderjährigen der übrigen Stände und mußte für die minderjährigen Gesindepersonen hinter den das Gesinderecht beherrschenden Gedanken der Ausnutzung ihrer Arbeitskraft zurücktreten.

Im Einzelfall bedeutete es, daß die jeweilige Herrschaft ein großes Interesse daran hatte, mit dem Minderjährigen selbst rechtsgeschäftlich

---

Schmidt, vgl. S. 126, später die unbeschränkte Fortgeltung der Vorschrift für alle Minderjährigen befürwortete, soweit sie im Hausstande ihrer Herrschaft oder ihrer Arbeitgeber lebten.
[84] *Ehrlich*, S. 49.
[85] *Renner*, S. 26.

zu verhandeln, um so beim Abschluß des Arbeitsvertrages und seiner Gestaltung leichter die eigenen Interessen durchsetzen zu können. Diesem Interesse hatte die zunächst in Sitte und Brauch entwickelte und schließlich im Gesetz formulierte erweiterte rechtliche Selbständigkeit der minderjährigen Gesindepersonen Rechnung getragen. Die Bestimmung des § 113 BGB erleichterte der Herrschaft die Nutzbarmachung der fremden Arbeitskraft in rechtlicher Hinsicht.

Wenn Recht durch eine sehr komplexe Verbindung menschlicher Anliegen entsteht, wobei sogar reiner Zufall, bloße Bequemlichkeit, aber auch ein Sinn für plötzliche Ehrlichkeit, wie auch kaltblütige Berechnung zusammenspielen und im Ergebnis nicht mehr zu entwirren sind[86], so mögen alle aufgezeigten Bedingungen zur Entstehung des § 113 BGB beigetragen, das Interesse der Herrschaften jedoch den Ausschlag gegeben haben; denn gegen ihr Interesse gerichtete Rechtsbestimmungen hatten sich im Gesindewesen nicht entwickeln können. Daß nicht allein nur ihre Bequemlichkeit oder das Moment der Erleichterung des Rechtsverkehrs für den Minderjährigen, sondern wohl begründete eigene Interessen maßgeblich zur Entwicklung der besonderen rechtlichen Selbständigkeit beigetragen haben, ergibt sich auch aus dem Aufkommen der Gesindebücher. Diese brachten eine nicht unerhebliche Erschwerung des Vertragsschlusses mit sich, welche die Herrschaften durchaus bereit waren, in Kauf zu nehmen.

§ 113 BGB war also seinem Ursprung nach eine gesinderechtliche Norm, die wie das gesamte Gesinderecht nur von dem einseitigen Interesse der Herrschaften an der Nutzbarmachung der Arbeitskraft des Gesindes beherrscht war.

Rückblickend ist man leicht geneigt, die mangelnde Beachtung der Interessen des Gesindes, seine ungleiche rechtliche Lage gegenüber den Herrschaften überzubewerten. Dabei darf aber nicht übersehen werden, daß diese Betrachtungsweise, wie jede geschichtliche, unwillkürlich stets vom Standpunkt der Gegenwart her erfolgt, daß das Gesinde damals seine ungleiche Behandlung keineswegs so empfunden hatte, wie es sich aus heutiger Sicht aufdrängt. Dem Gesinde sowie den Herrschaften mußte das Verständnis dafür fehlen, da beide in einer andersartigen gesellschaftlichen Ordnung lebten und allein aus dieser heraus auch ihre Beziehungen beurteilten: So gesehen gehörte das Gesinde in dem damaligen Ständestaat nun einmal einem niederen Stande an, für den auch entsprechend andere „Gesetze" im weitesten Sinne galten.

---

[86] *Straumann*, S. 10.

6. Bedeutung der Vorschrift für das häusliche Gesinde zur Zeit der Jahrhundertwende

Die überkommene Bedeutung der Vorschrift zur Zeit der Jahrhundertwende ließ sich am deutlichsten noch in der Lage des häuslichen Gesindes feststellen[87].

a) Nach der Berufszählung des Deutschen Reiches vom Jahre 1882 waren 1 324 924 Personen, d. h. 2,9 % der Bevölkerung, 1 282 415 Frauen und 42 510 Männer, als häusliche Dienstboten beschäftigt[88]. Der hohe Anteil des weiblichen Geschlechts, das fast 97 % aller häuslichen Dienstboten ausmachte, war aus der Natur der Arbeiten des häuslichen Wirkungskreises bedingt. 41,5 %, fast die Hälfte aller Gesindeleute, waren unter 20 Jahre alt[89] und damit noch nicht rechtlich selbständig[90]. Die Zahl der Gesindepersonen, die sich als Minderjährige zum ersten Male vermieteten, lag dabei noch wesentlich höher, da fast alle Gesindepersonen im noch nicht voll geschäftsfähigen Alter erstmalig in fremde Dienste traten[91]; dabei kam der größte Teil von ihnen vom Lande her in die Städte gezogen[92] und begab sich damit in meist große Entfernungen zu seinen gesetzlichen Vertretern. So war es denn in der Regel der Fall, daß diese ihnen eine allgemeine Ermächtigung zur Eingehung von Dienstverhältnissen erteilten[93].

b) Wenn Kähler ihre erweiterte rechtliche Selbständigkeit aus der Sicht des Verhältnisses zu ihren gesetzlichen Vertretern als eine Erleichterung des Abschlusses der Gesindeverträge wertete, so war das sicherlich zutreffend[94]; damit war aber noch nicht die volle Bedeutung der Selbständigkeit erkannt; denn diese ergab sich, wie bereits dargestellt, hauptsächlich aus der Beziehung des Gesindes zu seinen Herrschaften. Die erweiterte rechtliche Selbständigkeit und Eigenverantwortlichkeit des Gesindes erleichterte den Herrschaften, die Arbeitsbedingungen einseitig festzusetzen, Konventionalstrafen zu vereinbaren, sich rechtswirksam Quittungen erteilen zu lassen, Verzichte zu erzwingen und Kündigungen auszusprechen[95]. Die jungen, nach ihrer Entlassung aus

---

[87] Über die Gründe hierfür vgl. unten S. 42 Anm. 27.
[88] Entnommen der Statistik des Deutschen Reiches N. F. II (1884), S. 16; vgl. hierzu auch *Kähler*, S. 38 ff.
[89] *Kähler*, a.a.O.
[90] Das Reichsgesetz vom 17. 2. 1875, RGBl. S. 71, hatte die Volljährigkeit für das Deutsche Reich einheitlich auf das 21. Lebensjahr festgesetzt.
[91] So auch *Süskind*, S. 45.
[92] Vgl. dazu die statistischen Angaben bei *Stillich*, S. 98, für die Stadt Berlin (1895).
[93] Vgl. *Nußbaum*, § 6 Anm. 2.
[94] *Kähler*, S. 194.
[95] Vgl. Übersicht der nachteiligen Rechtsgeschäfte, die das Gesinde selbständig abschließen durfte, bei *Nußbaum*, § 6 Anm. 2.

der Volksschule „in Dienst gegebenen"[96], unerfahrenen, meist wenig gebildeten, ohne Habe und Unterkunft in den Vermittlungsinstituten wartenden Dienstboten vom Lande[97] waren kaum in der Lage, einen Einfluß auf die Gestaltung der Arbeitsbedingungen auszuüben. Ihnen blieb nur ein „Ja" zum Vertragsschluß und den von den Herrschaften im voraus bestimmten Arbeitsbedingungen übrig, so wie ein sächsischer Gutsbesitzer die Art, wie er sein Gesinde — allerdings ländliches — mietete, dargestellt hatte:

A: „Wollt ihr bei mir dienen?"
B: „Ja".
A: „Ihr habt euch schon danach erkundigt, was ich Lohn zahle?"
B: „Ja".
A: „Nun, dann werde ich am Sonntag vor dem 1. April eure Sachen holen lassen, wieviel Wagen braucht ihr?"
B: „Zwei".
A: „Es ist gut; Adieu."[98]

c) So einseitig, wie die Arbeitsbedingungen von der Herrschaft festgesetzt wurden, gestaltete sich auch das Dienstverhältnis zwischen Herrschaft und Gesinde. Die zahlreichen Bestimmungen der stark bekämpften, aber doch unter Geltung des BGB in kraft gebliebenen Gesindeordnungen verdeutlichten die benachteiligte Lage des Gesindestandes oder ließen, auch wenn sie nicht mehr alle in der Praxis verwirklicht wurden, doch wenigstens den Geist erkennen, der das Gesindeverhältnis noch beherrschte.

Den Ausgangspunkt der umfassenden Ausnutzung der Arbeitskraft des Gesindes sowie seiner Beherrschung und Unterdrückung bildeten seine Aufnahme in den Hausstand.

Das Gesinde hatte seine ganze Zeit und Tätigkeit den Diensten der Herrschaft zu widmen[99]. Es stand unter dauernder Aufsicht; von ihm wurde persönliche Unterwürfigkeit gefordert; ohne Erlaubnis durfte es nicht das Haus der Herrschaft verlassen, die auch seinen persönlichen Umgang bestimmte und über seine Betätigung in der Freizeit wachte, es u. a. zum regelmäßigen Kirchenbesuch anhielt und des weiteren dafür sorgte, daß es keinen übermäßigen Aufwand trieb. Weit verbreitet war noch das Züchtigungsrecht der Herrschaft, obwohl es durch Art. 95 EGBGB ausdrücklich aufgehoben worden war[100]. Das Gesinde konnte

---

[96] *Schmidt*, S. 23.
[97] Es sei hierzu allgemein auf die Schilderung der Verhältnisse in einem Berliner Vermittlungsinstitut bei *Stillich*, S. 297 ff., hingewiesen.
[98] *Knauer*, S. 4.
[99] Vgl. dazu *Kähler*, S. 147 ff. m. Nachw. aus den einzelnen Gesindeordnungen.
[100] Vgl. dazu eingehend *Fuld*, S. 109.

6. Bedeutung der Vorschrift für das häusliche Gesinde

weitgehend keine gerichtliche Genugtuung fordern, wenn es die Herrschaften mit „Scheltworten" zu geringen Tätlichkeiten „gereizt" hatte[101].

Auch im zivilen Bereich suchte man dem Gesinde jede Klagemöglichkeit zu nehmen. Von solchen Versuchen waren auch die Entwürfe zum BGB nicht frei, wenn beabsichtigt war, dem Minderjährigen im Rahmen seiner rechtlichen Selbständigkeit die Prozeßfähigkeit vorzuenthalten, um ihn vor dem „leichtsinnigen Anstrengen von Prozessen abzuhalten" und — was wohl entscheidender war — die Dienstherren vor der Gefahr zu schützen, „durch frivoles Prozessieren Einbuße an Zeit und Geld zu erleiden"[102]. Erst in der zweiten Lesung wurde der zunächst auch dort abgelehnte Antrag angenommen, dem Minderjährigen die Prozeßfähigkeit zuzusprechen[103]. Das Gesinde hätte andernfalls ohne jede Klagemöglichkeit dagestanden, da die gesetzlichen Vertreter der Minderjährigen meistens weit entfernt wohnten und kaum in der Lage waren — auch mangels Einblick in die Vorfälle —, sich vor Gericht für ihre Kinder einzusetzen.

Der Arbeitsvertragsbruch durch das Gesinde stand im Gegensatz zu dem der Herrschaft unter Strafe. Dazu kam, daß das Gesinde mittels Polizeigewalt zwangsweise der Herrschaft zugeführt werden konnte[104]. Unter Umständen waren auch Pflichtverletzungen des Gesindes „Schmähworte, Naschereien" mit Strafe bedroht[105].

d) Alle jene das Gesinde besonders benachteiligenden Bedingungen werden nicht immer zusammengetroffen sein; es hat zur Zeit der Jahrhundertwende schon viele Herrschaften gegeben, die sich einer maßvollen Beschränkung ihrer überkommenen Rechte befleißigten. Allgemein gesehen war das Gesinde jedoch ein persönlich nicht geachteter[106], wirtschaftlich und sozial unterdrückter Stand[107]. Selbst die kulturell noch

---

[101] Vgl. zu diesen „lebhaft umstrittenen Bestimmungen" die Nachweise bei *Kähler*, S. 155 f.
[102] So Begründung in: Prot. I, S. 64.
[103] So *Mugdan*, Motive zum Allgemeinen Teil, § 68, S. 8393, 8356.
[104] Wie weit davon noch zur Zeit der Jahrhundertwende Gebrauch gemacht wurde, vgl. *Scheller*, S. 41; PrOVG Urt. v. 3. 3. 1903, OVG 43, 424 zur Rechtmäßigkeit einer von der Polizei aufgrund einer solchen Bestimmung erlassenen Verfügung; vgl. auch PrOVG v. 31. 3. 1911, in PrVerwBl. 32, 732 zu einer von der Polizei erlassenen Verfügung an eine Gesindeperson, „den Dienst bei Vermeidung einer Geldstrafe von 20 Mark im Unvermögensfalle einer Haftstrafe von 3 Tagen, binnen 3 Tagen anzutreten, widrigenfalls sie ihre zwangsweise Zuführung zu gegenwärtigen habe".
[105] Vgl. *Kähler*, S. 166 m. Nachw.
[106] Das Personal hatte den Nebeneingang zu benutzen („Für Dienstboten"). Das Gesinde war vom Schöffenstand ausgeschlossen. Vgl. § 33 Nr. 5 GVG a. F.; es sei allgemein zur Darstellung des Dienstbotenmilieus in Berlin auf das literarische Werk von Herrmann „Kubinke" hingewiesen.
[107] Vgl. dazu allgemein die Ergebnisse der Umfrage über die Lage der weiblichen Dienstboten in Berlin im Jahre 1900 von *Stillich*,

wenig fortgeschrittenen Arbeiterinnen hatten die Bezeichnung „Dienstmädchen" als beschämend empfunden, wie Bernays berichtete[108].

Die soziale Benachteiligung dieses Standes zeigte sich auch in seiner rechtlichen Stellung. Für die minderjährigen Gesindepersonen mußte der Grundsatz des Schutzes vor allen nachteiligen Rechtsgeschäften im Rechtsverkehr dem der erleichterten Ausnutzung ihrer Arbeitskraft und Übervorteilung durch die Herrschaften weichen. Sie waren im Gegensatz zu den „bürgerlichen" Minderjährigen in die Lage versetzt, selbständig und in eigener Verantwortung alle nachteiligen, das Gesindeverhältnis betreffenden Rechtsgeschäfte vorzunehmen und sich dem Diktat der Herrschaft zu unterwerfen, so wie es zum Beispiel ein Berliner Dienstmädchen erlebt hatte: Die Herrin legte ihr einen Zettel hin, auf dem sie zu unterschreiben hatte, daß sie ihr Geld erhalten und keine Ansprüche mehr hatte[109].

§ 113 BGB war also eine Vorschrift, in der die standesbedingte Benachteiligung der minderjährigen Gesindepersonen ihre rechtliche Grundlage erhalten hatte.

II. Fortgeltung der Vorschrift und Bedeutung im Arbeitsleben zur Zeit der Jahrhundertwende

1. Wandel der Wirtschaftsverfassung

§ 113 BGB sollte zwar vornehmlich für die Dienstboten, für das Gesinde, allenfalls für Tagelöhner[1] gelten, wie dies auch im Gesetzestext in den Worten „Dienst, Dienstverhältnis" zum Ausdruck kam[2]. Das Gesindeverhältnis und die damit verbundene Wirtschaftsverfassung gehörten aber zur Zeit der Jahrhundertwende bereits einer untergehenden Wirtschaftsepoche an[3]. Die Arbeitsbedingungen, durch die das Gesinde als ein besonderer Stand von Arbeitskräften entstanden war, wurden von andersartigen abgelöst. Es entwickelte sich eine neue Klasse von Arbeitskräften, für welche die ehemals gesinderechtliche Vorschrift des § 113 BGB ebenfalls Anwendung finden sollte, wie dies auch schon der Wort-

---

[108] *Bernays*, S. 171 Anm. 1.
[109] Mitgeteilt bei *Stillich*, S. 331.
[1] So *Jacoby*, S. 322.
[2] Diese soziologisch-historische Bedeutung des Wortes „Dienst oder Dienstverhältnis" in § 113 BGB hat *Schmidt* in seiner hauptsächlich dogmatischen Dissertation über die Dienst- und Arbeitsverhältnisse des § 113 BGB nicht herausgestellt.
[3] Im gleichen Sinne *Stillich*, S. 363; *Scheller*, S. 14; *Weyl*, S. 1332.

laut der Vorschrift in den Begriffen „Arbeit, Arbeitsverhältnis" erkennen ließ.

Die Übernahme der im Gesinderecht entwickelten Norm in das *Arbeitsleben* vollzog sich in der zweiten Hälfte des 19. Jahrhunderts. Diese Entwicklung verdeutlichte auch der unterschiedliche Wortlaut der oben zitierten Bestimmungen des Art. 3 Ziff. 2 des Württembergischen Gesetzes von 1865, der noch eng auf Dienstverhältnisse beschränkt war[4], während § 6 des Preußischen Gesetzes von 1875 bereits für Arbeitsverhältnisse galt[5]. Schon der textliche Unterschied beider Vorschriften ließ erkennen, wieweit die Welt der Arbeit im Vordringen begriffen war.

Der Gesindestand hatte sich in der mit Landwirtschaft und Handwerk beschäftigten Großfamilie der vergangenen Jahrhunderte entwickelt. Er hatte die vielfältigen, inhaltlich meist unbestimmten Arbeiten zu bewältigen, die in den häuslichen Produktionsgemeinschaften bei der Herstellung und Bearbeitung der Erzeugnisse angefallen waren. Die ihnen zugrundeliegende Wirtschaftsverfassung der „Eigenwirtschaft" wurde jedoch im Zeitalter der Industrialisierung verdrängt, ein Prozeß, der in der zweiten Hälfte des 19. Jahrhunderts verstärkt einsetzte.

a) Die industrielle Wirtschaftsform schuf neue Arbeitsbedingungen, die sich von denen der alten Hauswirtschaft erheblich unterschieden; sie wurden von den neuen Maschinen bestimmt, die den Menschen als produzierende und bearbeitende Kraft verdrängten und ihm die Aufgabe zuwiesen, die Maschinen zu bedienen. Diese konnten wegen ihres Umfanges nur in besonderen Räumen, in Fabriken und Betrieben aufgestellt werden und zersprengten daher die überkommene Einheit von Wohn- und Arbeitsraum. Die Familie verlor ihre zentrale Stellung[6]. Die Arbeitskräfte mußten ihren Arbeitsplatz in die Betriebe und Fabriken verlegen.

Die zunehmende Größe der Betriebe schloß eine Aufnahme der Arbeiter in die Hausgemeinschaft des Unternehmers aus. Sie war auch nicht mehr nötig, denn eine stete Arbeitsbereitschaft, bestimmt von den täglich anfallenden, inhaltlich unbestimmten Bedürfnissen der Hauswirtschaft, war nicht mehr gefragt, da nun die Maschinen Inhalt und Dauer der Arbeit bestimmten. Der patriarchalische Charakter des Arbeitsverhältnisses, wie ihn zum Beispiel noch Gustav Freytag in seinem Roman „Soll und Haben" für den Kaufmannsstand zeichnen konnte, das im guten Sinne väterlich bevormundende Autoritätsverhältnis mußte den veränderten Umständen weichen. Die Rationalisierung der Betriebe, die schärfere Konkurrenz ließen bald alle über das reine Arbeitsverhältnis

---

[4] Vgl. oben S. 31.
[5] Vgl. oben S. 31.
[6] *Dahrendorf*, S. 60.

40   II. Fortgeltung der Vorschrift und Bedeutung im Arbeitsleben

hinausgehenden, menschlichen Beziehungen schwinden[7]. Der persönliche, familiäre Einschlag, der noch das Dienstverhältnis gekennzeichnet hatte, verblaßte.

Der Stand des Gesindes, der sich in der hauswirtschaftlichen Produktionsgemeinschaft entwickelt hatte und dessen Merkmal die Aufnahme in die Hausgemeinschaft war, verlor an Daseinsberechtigung. Die neue Klasse von Arbeitskräften gewann zunehmend an Bedeutung[8]: Das waren die Arbeiter, die vom Verkauf ihrer Arbeitskraft lebten.

b) Dazu gehörten besonders zahlreich in den Anfängen der industriellen Revolution die noch nicht erwachsenen Kinder der Arbeiter. Während sie früher vom Hausverband umgeben, allmählich von der spielerischen Betätigung und Handreichung über die gelegentliche Beschäftigung zur regelmäßigen Arbeit in den großfamiliären Produktionsgemeinschaften heranwuchsen und so auch schon frühzeitig mitarbeiteten, bildeten sie nun, nach dem Auseinanderfallen von Wohn- und Arbeitsort, für den Fabrikarbeiter während ihrer Ausbildung ein reines Kostenelement[9]; sie waren daher darauf angewiesen, durch Ausübung einer Tätigkeit in Fabriken und Betrieben einen eigenen Beitrag zu ihrem Unterhalt zu erwerben. Aus diesem Grunde wurden die Kinder der Arbeiterfamilien frühzeitig in das Arbeitsleben eingegliedert[10]. Die starke Beteiligung des heranwachsenden Menschen am Erwerbsleben trat nun zum ersten Male besonders deutlich zutage; die Kinderarbeit, die es, wie Flitner und Hornstein mit Recht betonen, schon immer gegeben hatte, wurde nun ein sozialer Mißstand[11]; die wirtschaftliche Not zwang den Arbeiter bald, seine Kinder ausgiebig am Arbeitsleben zu beteiligen[12]. Die Arbeiterfamilie war schließlich auf den Lohn aller arbeitsfähigen Mitglieder angewiesen[13] und die Kinder stellten im wesentlichen das einzige Vermögen dar. Sie wurden in einem Alter, in welchem sie noch nicht voll entwickelt waren, schon in die Lebensformen der Erwachsenen „gestoßen"[14]. Mit der Schulentlassung hörte das proletarische Kind auf, ein Kind zu sein[15], es mußte arbeiten und Geld verdienen[16].

---

[7] Vgl. dazu allgemein die Darstellung dieser Entwicklung für das Bäckereigewerbe bei *Weingärtner*.

[8] Vgl. dazu die statistische Übersicht über die zahlenmäßige Abnahme der Dienstboten und Zunahme der Arbeiter für Hessen-Darmstadt; *Kollmann*, S. 280.

[9] So *Mackenroth*, S. 368.

[10] Im gleichen Sinne *Jantke*, S. 30.

[11] *Flitner* und *Hornstein*, S. 330.

[12] Vgl. dazu allgemein *Rühle* in seiner Monographie „Das proletarische Kind", insbes. S. 153.

[13] Vgl. *Ehrlich*, S. 70.

[14] So *Schie*, S. 53.

[15] So *Rühle*, S. 260; *Lazarsfeld*, S. 50, 54.

[16] *Dehn*, S. 38.

c) Es suchte sich seine außerhäusliche Beschäftigung allein aus[17] und nahm deswegen selbständig Rechtsbeziehungen zu den Unternehmern auf[18]. „Die Industrie nahm den Arbeiter an, ohne den Vater zu fragen, sie zahlte ihm aus, ohne sich um den Vater zu kümmern, und sie entließ ihn, ohne den Vater zu kennen[19]." Die gesetzlichen Vertreter konnten sich nur wenig um die von ihren Kindern geschlossenen Verträge kümmern, da sie selbst viel zu sehr mit eigenen wirtschaftlichen Nöten beschäftigt waren und sich die Zeitverluste nicht leisten konnten, die wegen der kurzen Kündigungsfristen und starken Mobilität der Arbeitskräfte damit verbunden gewesen wären. Sie interessierten sich nur für den heimgebrachten Arbeitslohn.

Die von den Kindern abgeschlossenen Arbeitsverträge waren nicht, wie Ehrlich annimmt[20], vom rechtlichen Standpunkt aus unwirksam, da die Praxis dem Bedürfnis entgegenkommen geneigt war, solche Verträge als wirksam anzusehen'[21]. Die Kinder waren funktionell voll in das Arbeitsleben eingegliedert und galten daher im praktischen Leben auch als rechtlich selbständig. Die „hohe, funktionelle Vollwertigkeit" dieser Jugendlichen, um mit Tartler zu sprechen[22], machte sie in der Praxis auch rechtlich vollwertig: „Arbeit machte mündig." So bildeten sich im Arbeitsleben von neuem die Ansätze zur Entstehung jener Norm, wie sie auch schon im Gesindewesen entstanden war und bereits in den partikularen Gesindeordnungen Niederschlag gefunden hatte.

d) Aber auch die Auflösungserscheinungen im Gesindewesen gegen Ende des 19. Jahrhunderts trugen dazu bei, daß die hier entwickelte, erweiterte rechtliche Selbständigkeit schließlich auch für alle minderjährigen Arbeiter galt.

Die besseren Arbeitsbedingungen von Industrie und Gewerbe standen in direkter Konkurenz zu denen des Gesindewesens; die höheren Löhne, die größere Unabhängigkeit und Freizeit beschleunigten das Abwandern des Gesindes in die Städte und Industriezentren[23]. Die niederen, ungelernten Dienste waren auch dort gefragt[24]; hinzu kam, daß die jugendlichen, ungelernten Menschen sehr begehrt waren, da sie billiger als die

---

[17] Vgl. hierzu auch allgemein *Popp* in der Schilderung ihrer eigenen Kindheitserlebnisse.
[18] So auch Kommissionsbericht, Reichstag, Sten. Ber., 8. Legislat. Per., 1. Session, 1890/91, Anlagen, S. 1442.
[19] So Abg. *Winterer*, in: Reichstag, a.a.O., Prot., S. 1631.
[20] *Ehrlich*, S. 88.
[21] So *Gebhard*, S. 45.
[22] *Tartler*, S. 301.
[23] Vgl. die zahlreichen Nachweise bei *Kähler*, S. 11, 35, 36, 67, 74; ebenso *Kollmann*, S. 292.
[24] Vgl. *Kähler*, S. 130.

Erwachsenen arbeiteten und sich schneller in der neuen Arbeitswelt zurechtfanden. Auch waren sie eher geneigt und bereit, ihre überkommenen Dienstverhältnisse gegen die neuen, in der Industrie wirkenden Arbeitsverhältnisse einzutauschen, denn „die Werkmeister waren lange nicht so grob wie die ‚gnädigen Frauen' "[25].

Die Herrschaften sahen sich angesichts der Landflucht und des Dranges in die Industrie gezwungen, den höheren Ansprüchen des Gesindes nach Lohn und Vergünstigungen nachzugeben und ihre überkommenen Vorrechte abzubauen. Das Gesindeverhältnis verlor dadurch seine bisherige Struktur. Auf dem Lande verwischte sich der Unterschied zwischen Gesinde und Arbeiterstand völlig[26]. Auch in den Städten rückte der Gesindestand dem Arbeiterstand näher. Nur in den Haushalten der Großstädte bewahrte das Gesindeverhältnis weiterhin seine alte Struktur; dort blieben die überkommenen Bindungen erhalten, war das Gesinde weiterhin in die Hausgemeinschaft aufgenommen; für diesen Bereich wurde nun der Ausdruck „häusliches Gesinde" gebraucht[27]. Die Auflösungserscheinungen fanden auch ihren rechtlichen Niederschlag. Der Begriff des Gesindes, der in den vergangenen Jahrhunderten bald eine engere, bald eine weitere Ausdehnung erfahren hatte, dessen wesentliches Kennzeichen aber die Zugehörigkeit zur Hausgemeinschaft geblieben war, wurde undeutlich; der Begriff des Hausstandes wurde weit ausgelegt; das Gesinde konnte im Nebenhaus wohnen[28]; die Zugehörigkeit zur Hausgemeinschaft bildete schließlich kein Merkmal mehr[29]. Die Leistung allgemeiner Dienste war auch nicht mehr das Kennzeichen seiner Tätigkeit[30]. Dasselbe galt auch für die Länge seiner Arbeitszeit und seine Entlohnung: kurzfristige Verhältnisse mit Geldentlohnung zählten gleichfalls zu den Gesindediensten. Nach einer von Gerhard und Nußbaum vertretenen Auffassung konnten selbst juristische Personen Gesinde halten[31]. Das ehemals familienrechtliche Verhältnis hatte sich zu einem reinen schuldrechtlichen Austauschverhältnis von Leistung und Gegenleistung zurückentwickelt. Die Herrschaft hatte nicht mehr für das Gesinde zu sorgen; dieses konnte nicht mehr damit rechnen, auf Lebenszeit im Hause Versorgung zu finden, wie Riehl in seiner leicht

---

[25] Mitgeteilt von *Bernays*, S. 171.
[26] Vgl. *Kähler*, S. 38; ebenfalls *Hedemann*, Sp. 1343; *Scheller*, S. 46.
[27] Hier hatten sich daher die überkommenen Arbeitsbedingungen noch am reinsten erhalten.
[28] Vgl. dazu im einzelnen *Scheller*, S. 5.
[29] Vgl. dazu besonders *Kähler*, S. 197 ff. auf Grundlage der Berichte des „Vereins für Sozialpolitik", der im Jahre 1892 eine Erhebung über das ländliche Gesinde durchgeführt hatte.
[30] Vgl. *Kähler*, a.a.O. auch im folgenden.
[31] *Nußbaum*, Einleitung, S. 5.

1. Wandel der Wirtschaftsverfassung

„sozialromantischen" Darstellung festgestellt hatte[32]. Für die Dienstboten wurde die allgemeine Krankenversicherungspflicht eingeführt[33]. Das Gesinde sah in dem Dienstherrn in Erkenntnis dieser Entwicklung gewöhnlich nichts anderes mehr als seinen Arbeitgeber und Lohnauszahler[34]. So ließ sich nicht mehr genau sagen, welcher Bruchteil der gesamten Arbeiterschaft überhaupt noch zum Gesinde zählte[35].

e) Die jungen Menschen, die aus dem Gesindedienst in Handel, Industrie und Gewerbe abwanderten, behielten ihre erweiterte rechtliche Selbständigkeit; sie nahmen die ihnen für den Gesindedienst zustehende Selbstverantwortlichkeit gleichsam mit in die Welt der Arbeit hinaus. Für den zurückgebliebenen Bruchteil des Gesindes, der sich von der Arbeiterschaft überhaupt nicht mehr unterscheiden ließ, ergab sich die Fortgeltung ihrer erweiterten rechtlichen Selbständigkeit gegenüber den ehemaligen Herrschaften und jetzigen Unternehmern von selbst. So kam es, daß in der Begründung zum Entwurf des § 6 des Preußischen Gesetzes von 1875 kein Unterschied mehr zwischen „*Dienst- und Arbeitsverhältnissen*" gemacht wurde, sondern „alle Minderjährigen, die darauf angewiesen waren, ihr Brot selbst zu verdienen, diejenige Erweiterung ihrer Selbständigkeit zugestanden wurde, welche ihre Lebenslage erforderte[36]. § 113 BGB hatte die unterschiedslose Gleichstellung von Dienst- und Arbeitsverhältnissen übernommen[37].

f) Damit war die Geltung der Vorschrift für alle Tätigkeiten des minderjährigen Arbeitnehmers noch nicht erreicht. Dies sollte aber nur noch eine Zeitfrage sein. Diese Entwicklung verdient, ausführlicher dargestellt zu werden, da sie eine von Renner getroffene Feststellung bestätigt, nämlich die, daß die Aufgabe der Jurisprudenz notwendig historisch ist, wie auch ihre Terminologie und ihr Begriffsarsenal[38].

Nach den Motiven zu § 113 BGB wurde entsprechend dem Sprachgebrauch der Jahrhundertwende unter Arbeit die Beschäftigung mit einfachen, gewöhnlichen[39], niederen, körperlichen Tätigkeiten verstanden[40].

---

[32] *Riehl*, S. 169.
[33] Am 1. 1. 1913, vgl. näheres bei *Scheller*, S. 23.
[34] So *v. d. Goltz*, Soziale Bedeutung, S. 28.
[35] *Kähler*, a.a.O.
[36] Vgl. die Begründung in: Herrenhaus, S. 63; vgl. andererseits oben S. 31 zu Art. 3 Ziff. 2 des Württembergischen Gesetzes von 1865, der noch eng auf „*Dienstverträge*" beschränkt war.
[37] § 113 BGB war eine der wenigen Bestimmungen des BGB, in der das Wort „*Arbeit*" überhaupt vorkam und Gesinde und Arbeitsverhältnisse rechtlich gleichbehandelt wurde, ansonsten galt Art. 95 EGBGB; vgl. auch Art. 65 ADHGB, wonach für die im Betriebe eines Handelsgewerbes tätigen Gesindepersonen das Gesinderecht als Sonderrecht fortgalt.
[38] *Renner*, S. 10.
[39] So RGZ Urteil vom 9. 7. 1891, 28, 278 (281); daher aber nicht das „Engagement einer minderjährigen Schauspielerin".

44   II. Fortgeltung der Vorschrift und Bedeutung im Arbeitsleben

Aus diesem Grunde wurde jede höhere Tätigkeit, wie u. a. die künstlerische Tätigkeit einer Schauspielerin[41], als der Betrieb eines „selbständigen Erwerbsgeschäftes" angesehen; ein Minderjähriger konnte nur mit Genehmigung des Vormundschaftsgerichts von seinem gesetzlichen Vertreter dazu ermächtigt werden, im Rahmen dieser Tätigkeit unter anderem auch Vertragsstrafen zu vereinbaren[42]; die von einer minderjährigen Schauspielerin selbständig vereinbarte Vertragsstrafe wurde deswegen vom Reichsgericht wegen Fehlens einer vormundschaftsgerichtlichen Genehmigung zum Betriebe ihres „Erwerbsgeschäftes" als unwirksam angesehen. Mit dieser Entscheidung hat das Gericht jedoch nicht die Entwicklung aufhalten können, die auf eine Anwendung des § 113 BGB auf alle Arbeitsverhältnisse hinauslief, unabhängig davon, ob sie „höhere" oder „niedere" Tätigkeiten zum Inhalt hatten. Es hätte 20 Jahre später sicherlich anders entschieden. Diese Zeitspanne hatte genügt, um die Arbeit zum umfassenden Begriff des Wirtschaftslebens werden zu lassen. Arbeit war im Sprachgebrauch jede unselbständige Tätigkeit geworden; im Gegensatz dazu stand nicht mehr die höhere, geistige, eines Freien würdige Tätigkeit, sondern die selbständige Betätigung. Selbständigkeit und Unselbständigkeit waren die Kriterien des neuen Arbeitslebens geworden, welche die vorangegangenen Kriterien von höherer und niederer Betätigung abgelöst hatten.

In der Entscheidung des OLG Düsseldorf vom 7. April 1910 wurde diese Entwicklung sichtbar. Das Gericht sah keinen inneren Grund mehr, der vom Reichsgericht im Anschluß an die Motive zu § 113 BGB vertretenen Auffassung zu folgen, daß nur niedere Tätigkeiten Gegenstand von Arbeitsverhältnissen im Sinne des § 113 sein könnten. Es verstand die Begriffe „Dienst- und Arbeitsverhältnis" in einem anderen, der fortgeschrittenen Entwicklung entsprechenden Sinne und zählte jede unselbständige Tätigkeit darunter[43]. Diese Entscheidung ließ eine sozial-

---

[40] Vgl. dazu auch eingehend *Schmidt*, S. 59 f. m. Nachw. aus den Gesetzen der damaligen Zeit.

[41] RG, a.a.O., im Anschluß an die Motive I, S. 144.

[42] Vgl. dazu § 112 BGB und dessen inhaltlich gleiche Vorstufe § 5 des Preußischen Gesetzes von 1875, auf den sich die Entscheidung des Reichsgerichts, a.a.O., bezogen hatte. Nach den Motiven sollte § 113 BGB nicht „im weitesten Sinne" für alle Dienst- und Arbeitsverhältnisse gelten; so aber *Schmidt*, S. 118, der die ursprüngliche, historische Bedeutung der Vorschrift übersieht; diese sollte zunächst nur für das *Gesinde* und den ihm sozial gleichstehenden *Arbeiter* gelten.

[43] OLG Düsseldorf, in OLG 22, 161; auch heute einhellige Ansicht; vgl. dazu statt aller *Staudinger-Coing*, § 113 Anm. 4. A. A., ohne sachliche Begründung, lediglich vom Wortlaut des § 113 BGB ausgehend und daher nicht gerechtfertigt, neuerdings BAG Urteil v. 20. 4. 1964 in NJW 1964, S. 1641 (1642 f.). In § 113 BGB sind nicht alle drei Gruppen der Handelsvertreterverhältnisse angesprochen, sondern nur die unselbständigen; der Unterschied zwischen §§ 113 und 112 BGB liegt auch nicht lediglich im formellen Bereich, in der Erforderlichkeit der vormundschaftsgerichtlichen Genehmigung! — Die gegenwärtigen

geschichtliche Zäsur erkennen: Die ihrem Ursprung nach gesinderechtliche Vorschrift des § 113 BGB hatte für alle unselbständigen Arbeitsverhältnisse auch in der Rechtsprechung Geltung erlangt. Das neue Arbeitsrecht hatte die ehemals gesinderechtliche Norm rezipiert. Unter dem Eindruck dieser Entwicklung stand auch Schmidt, als er in seiner Dissertation über die Dienst- und Arbeitsverhältnisse des § 113 BGB im Jahre 1919 folgerichtig vorschlug, die Vorschrift in folgender Weise zu lesen: „Ermächtigt der gesetzliche Vertreter den Minderjährigen in Dienst- oder s o n s t i g e Arbeitsverhältnisse zu treten...[44]."

g) Das Arbeitsleben hatte in jener Zeit das Gesindewesen fast vollständig verdrängt. Der Aufruf des Rates der Volksbeauftragten vom 12. November 1918[45], der die Gesindeordnungen im Deutschen Reich aufhob, hatte im wesentlichen nur noch die rechtlichen Folgen aus dem bereits tatsächlich weit fortgeschrittenen Abbau des Gesinderechts gezogen; dieses war nur noch ein „durch und durch zum Verfallen bereites, morsches Gebäude"[46] gewesen. Die in den Gesindeordnungen enthaltenen reaktionären Vorbehalte der Herrschaften[47], deren Fortbestand bei den Beratungen zum Bürgerlichen Gesetzbuch von sozialdemokratischer Seite besonders bekämpft wurde[48], waren von der wirtschaftlichen Entwicklung schon weitgehend entwertet worden. Mit dem politischen Umsturz waren daher auch die letzten Reste der ehemaligen Vormachtstellung der Herrschaften beseitigt worden. So fiel im Hinblick auf den in § 113 BGB formulierten Rechtsgedanken — äußerlich gesehen — das Ende der Epoche des Überganges von der vorindustriellen zur industriellen Arbeitswelt in das Jahr 1918. Die im Gesinderecht entwickelte Vorschrift galt nun für alle Arbeitsverhältnisse; § 113 BGB, „der sich ausschließlich mit Arbeitsverhältnissen befaßte"[49], wurde daher auch in den Entwurf eines Allgemeinen Arbeitsvertragsgesetzes in § 9 übernommen[50].

Hinweise fast aller Kommentierungen des § 113 BGB, daß die Vorschrift sowohl für „niedere" wie „höhere" Tätigkeiten gelte, besitzen daher heute lediglich historischen Wert; dieser Unterscheidung kommt im Rahmen des § 113 BGB keine Bedeutung mehr zu. Vgl. dazu *Soergel-Seydel*, § 113 Anm. 2; *Staudinger-Coing*, a.a.O.; *Palandt-Danckelmann*, § 113 Anm. 1.

[44] *Schmidt*, S. 60.
[45] RGBl. S. 1303.
[46] So *Nußbaum*, mitgeteilt bei *Weyl*, S. 1333.
[47] So *Wieacker*, S. 320.
[48] Reichstag, Sten. Ber., 9. Legislat. Per., 4. Session, 1895/97, S. 2793 ff.
[49] So die Begründung der Denkschrift zum Entwurf eines Allg. Arbeitsvertragsgesetzes, S. 16.
[50] Vgl. RABl. 1923, Amtl. Teil, S. 498; gegen die beabsichtigte doppelte gesetzliche Regelung der Arbeitsmündigkeit haben sich *Kreller*, S. 266 ff. sowie *Richter*, S. 232 gewandt; vgl. auch § 141 des „Gesetzbuchs der Arbeit" der Deutschen Demokratischen Republik vom 12. 4. 1961 (GBl. I S. 27), der eine Wiederholung des weitergeltenden § 113 BGB vermeidet.

2. Beteiligung der Minderjährigen am Erwerbsleben

Um zu verstehen, welche Bedeutung die Vorschrift des § 113 BGB im Arbeitsleben der Minderjährigen zur Zeit der Jahrhundertwende besaß, bedarf es einer statistischen Übersicht über ihre Beteiligung am Erwerbsleben.

Bei der Erwerbstätigkeit von minderjährigen Arbeitern unterscheidet man zwei große Gruppen, die der Kinder und die der Jugendlichen, wobei unter Kindern alle schulpflichtigen Personen verstanden werden, während alle anderen, nicht mehr schulpflichtigen, aber auch noch nicht erwachsenen, zu den Jugendlichen zählen. Die Grenze zum erwachsenen Stadium läßt sich nur schwer allgemein bestimmen, da die Übergänge hierzu im einzelnen fließend sind und je nachdem, womit man das Stadium der Erwachsenen identifiziert, mit der vollen Eingliederung in das Erwerbsleben oder etwa der Gründung einer Familie, dafür verschiedene Altersstufen zwischen dem 16. und 25. Lebensjahr in Frage kommen.

a) Die Kinderarbeit war zur Zeit der Jahrhundertwende noch stark verbreitet. So waren nach vorsichtigen Schätzungen des Lehrers Agahd, der sich um 1900 in besonders tatkräftiger Weise der Bekämpfung der Kinderarbeit angenommen hatte, im Jahre 1895 mindestens 250 000 Kinder vollberuflich, meist als Laufmädchen, -burschen, Zeitungsträger, Frühstücksträger, Kindermädchen und Kegeljungen[51] beschäftigt[52]. Die Berufszählung des Deutschen Reiches vom 14. Juni 1895 hatte zwar geringere Zahlen ergeben, wenn sie rund 45 000 gewerblich tätige Kinder und 136 000 landwirtschaftlich beschäftigte Kinder ohne die häuslichen Dienstboten ermittelt hatte. Zu dem Ergebnis war aber schon von offizieller Seite bemerkt worden, daß die vollberufliche Kinderarbeit noch weit umfangreicher gewesen sein muß, da die meisten Kinder unangemeldet arbeiteten und sich auch aus sonstigen Gründen niemals genau erfassen ließen[53].

Die Zahl der neben der Schule her tätigen Kinder zur Zeit der Jahrhundertwende wurde noch weit höher eingeschätzt[54]. Lediglich einen Eindruck davon vermittelte die Denkschrift des Kaiserlichen Statistischen Amtes über eine im Jahre 1904 angestellte Umfrage zur Kinder-

---

[51] Vgl. die Übersicht der ausgeübten Berufe bei *Agahd*, S. 54.

[52] *Agahd*, S. 95; vgl. zur Rechtsprechung z. B. RGZ 66, 54, Urteil vom 23. 4. 1907 über die Beschäftigung eines 11jährigen Kindes als Anstreicher in einem Industriebetrieb.

[53] Rundschreiben des Reichskanzlers (Reichsamt des Innern) an die Bundesregierungen v. 9. 12. 1897, in: Statistik des Deutschen Reiches Vierteljahresheft, 1900, III, S. 97.

[54] So Rundschreiben, a.a.O.

2. Beteiligung der Minderjährigen am Erwerbsleben

arbeit auf dem Lande[55]. Danach waren von 9,25 Millionen Volksschulkindern unter 14 Jahren 1,7 Millionen Kinder — das sind rund 19 % — in Land- und Forstwirtschaft beschäftigt; unter 10 Jahre alt waren davon 445 000, zwischen 10 und 12 Jahre 607 000 und über 12 Jahre 717 000 Kinder. Diese waren neben der Schule an allen landwirtschaftlichen Arbeiten je nach Alter und Geschlecht sowie Arbeitsart in geringerem oder höherem Maße beteiligt[56].

Über das Ausmaß der Kinderarbeit in den gewerblichen Betrieben „außerhalb der Fabriken" gab eine im Jahre 1898 angestellte amtliche Erhebung Auskunft[57]. Sie hatte rund 535 000 Kinder in noch nicht oder noch schulpflichtigen Alter in Industrie (57 %) und Handel und Gewerbe (32 %) ermitteln können.

b) Spätestens mit der Schulentlassung, in der Regel mit dem 14. Lebensjahr, begann für den größten Teil der Jugendlichen die „Vollberuflichkeit"[58]. Nach der Berufszählung des Deutschen Reiches vom 12. Juni 1907 waren von den Jugendlichen im Hauptberuf — mit Ausnahme der Dienenden in häuslichen Diensten —

65 % aller Jugendlichen zwischen 14 und 16 Jahren, insgesamt 1 538 969
75 % aller Jugendlichen zwischen 16 und 18 Jahren, insgesamt 1 795 803
77 % aller Jugendlichen zwischen 18 und 20 Jahren, insgesamt 1 806 136

erwerbstätig[59].

Diese Jugendlichen waren, was die Arbeitsbedingungen betraf, im wesentlichen bereits voll in das Erwerbsleben der Erwachsenen eingegliedert.

Die angeführten Zahlen über den Umfang der Erwerbstätigkeit der Minderjährigen geben keinen Aufschluß darüber, ob die Arbeiten im Rahmen der gesetzlichen Mitarbeitspflicht im Elternhaus oder bei Dritten aufgrund von Arbeitsverhältnissen erbracht wurden. Ein großer Teil der von den Kindern ausgeführten Arbeiten, besonders in der Landwirtschaft, wird im Elternhaus ausgeführt worden sein und fällt daher für die Betrachtung der Bedeutung des § 113 BGB fort. Soweit die Kinder und Jugendlichen jedoch in Industrie, Handel und Gewerbe tätig waren, ist in der Regel davon auszugehen, daß sie in fremden Arbeitsverhältnissen standen und § 113 BGB für sie von erheblicher Bedeutung war.

---

[55] Zusammengefaßt mitgeteilt bei *Simon*, S. 30 f.
[56] Vgl. dazu Näheres bei *Simon*, a.a.O.
[57] Statistik des Deutschen Reiches, a.a.O.
[58] *Tartler*, S. 274.
[59] Entnommen der Statistik des Deutschen Reiches, Bd. 203 Abt. II, S. 4.

3. Bedeutung der Vorschrift für die minderjährigen Arbeiter

Im Vorangegangenen war anhand von Gesetzestexten und Gerichtsentscheidungen die äußere Fortentwicklung der im Gesinderecht entstandenen Norm beschrieben worden. Diese hatte ihre Bedeutung trotz Auflösung der ihr zugrunde liegenden Wirtschaftsverfassung nicht verloren, wie man zunächst erwartet hätte; sie war vielmehr von dem neuen Arbeitsrecht, das auf den veränderten Arbeitsbedingungen aufbaute, vollständig rezipiert worden. Die Gründe dieser Entwicklung verdienen kurz dargestellt zu werden, da sie auch den Einblick in die wahre Bedeutung der Vorschrift für die minderjährigen Arbeiter zur Zeit der Jahrhundertwende erleichtern.

a) Mit der Auflösung der dem Gesindewesen zugrunde liegenden Wirtschaftsverfassung und damit verbunden dem zahlenmäßigen Rückgang der beschäftigten Gesindepersonen sollten die ständische Gliederung der Bevölkerung, die überkommenen sozialen Unterschiede, wie sie zwischen Herrschaft und Gesinde bestanden hatten, keineswegs beendet werden: Die Hauswirtschaft wurde vielmehr von der industriellen Wirtschaft und das Gesinde von einem neuen Stand, dem der Arbeiter, abgelöst. Dabei unterschied sich die Lage des Arbeiterstandes in den Anfängen der Industrialisierung nur wenig von der des Gesindes. Wenn der einzelne Arbeiter auch nicht mehr so starken, persönlichen Bindungen unterworfen war und wegen fehlender Einordnung in einen persönlichen Herrschaftsbereich nicht so ausgiebig ausgenutzt und unterdrückt werden konnte wie das Gesinde, so hatte sich jedoch die wirtschaftliche, soziale und rechtliche Benachteiligung erhalten und noch verstärkt.

Die mit der Industrialisierung entstandenen sozialen Mißstände sind bekannt: Eine unbegrenzte Ausbeutung der Arbeitskraft durch die Unternehmer, Armut und Elend, mangelnder Schutz vor Arbeitslosigkeit, Krankheit, Invalidität und Alter kennzeichneten die Lage des Arbeiters; so war das Industrieproletariat entstanden, eine wirtschaftlich verelendete, gesellschaftlich verachtete und politisch unterdrückte Klasse von Arbeitern, die auf den Ertrag ihrer „Ware" Arbeitskraft angewiesen waren. Sie hatten die Nachfolge des Gesindestandes angetreten.

Wenn auch das überkommene Gesinderecht für sie weitgehend nicht hatte gelten können, da es von einer Eingliederung in die Hausgemeinschaft ausging, so unterschied sich das Arbeitsrecht in den Anfängen der Industrialisierung seinem grundsätzlichen Charakter nach kaum von dem Gesinderecht. Es war eingebettet und fest verankert in die sozialen Gegebenheiten jener Zeit; als solches diente es in großem Maße den wirtschaftlichen Interessen der Unternehmer; es half diesen, die Arbeitskraft des einzelnen Arbeiters unbeschränkt auszubeuten. Die Unternehmer

3. Bedeutung der Vorschrift für die minderjährigen Arbeiter

waren es, die dieses Recht schufen, seinen Inhalt bestimmten und auch an dem Fortbestand großes Interesse hegten. Das galt besonders für das Fundament jener Rechtsordnung, den Grundsatz der Vertragsfreiheit. Seine praktische Anwendung zeigte, daß die Vorteile der auf diesem Grundsatz aufbauenden Rechtsordnung ausschließlich auf der Seite der Unternehmer lagen. Diese waren durch den Besitz der Produktionsmittel den Arbeitern überlegen; der einzelne Arbeiter mußte sich ihren Bedingungen, die in großen Betrieben aus praktischen Gründen auch gar nicht individuell festgesetzt werden konnten, fügen, wenn er eine Arbeit erhalten wollte. Die Freiheit zum Vertragsschluß nutzte ihm wenig, da die Not ihn zum Abschluß zwang; von der Gestaltungsfreiheit blieb ihm daher auch nur wenig übrig; der Inhalt der Arbeitsverhältnisse konnte so vom Unternehmer ohne große Schwierigkeiten diktiert werden.

Der Grundsatz der Vertragsfreiheit, die fiktive rechtliche Gleichbehandlung von Unternehmern und Arbeitern, begünstigte einzig und allein die Unternehmer; dieser Rechtssatz charakterisierte ebenso das Arbeitsrecht in den Anfängen der Industrialisierung wie die zahlreichen, darauf aufbauenden Einzelvereinbarungen, in denen die Unternehmer wegen ihrer überragenden Stellung ihre Bedingungen durchsetzten.

Unter diesen Umständen war es verständlich, daß die im Gesinderecht entwickelten Vorstufen des § 113 BGB auch in das neue Arbeitsrecht Eingang fanden.

b) § 113 BGB war eine Bestimmung, in der die sozialen Verhältnisse zur Zeit der Jahrhundertwende ihren rechtlichen Ausdruck gefunden hatten; sie nützte hauptsächlich den Unternehmern, weil sie diesen die tatsächliche Ausbeutung der Arbeitskraft des minderjährigen Arbeiter in rechtlicher Hinsicht erleichterte.

Der Gesetzgeber hatte mit der Vorschrift nicht, wie im einschlägigen Schrifttum überwiegend vertreten wurde, ein soziales Anliegen regeln und dem im Erwerbsleben stehenden Minderjährigen eine „Wohltat" erweisen wollen, wenn er diese zum wirksamen Abschluß von Arbeitsverträgen und damit zusammenhängenden Rechtsgeschäften von den sonst erforderlichen Einzelgenehmigungen seines gesetzlichen Vertreters befreite[60]. Die Vertreter dieser Auffassung hatten die wirkliche Bedeutung der Vorschrift nicht erkannt, wenn sie ihre Aufnahme in das Bürgerliche Gesetzbuch — unausgesprochen — im Anschluß an die Motive

---

[60] So aber *Gremke*, S. 36: „durch § 113 BGB ist besonders auf die Minderjährigen der unbemittelten Stände Rücksicht genommen"; *Schmidt*, S. 89: „Der Gesetzgeber schuf die Bestimmung vor allem zu dem Zweck, daß die Minderjährigen ... in den Stand gesetzt sein sollten, sich selbst fortzubringen." *Hörle*, S. 38: „die sich aus sozialen Gründen zugestandene erweiterte Geschäftsfähigkeit"; *ders.*, S. 45: „aus höherem, sozialpolitischen Standpunkt geschaffen"; *Auerswald*, S. 28: „auf sozialem Empfinden beruhend".

II. Fortgeltung der Vorschrift und Bedeutung im Arbeitsleben

„sozialpolitischen" Zielen des Gesetzgebers zuschrieben. Aus den Motiven war dies kaum zu entnehmen, denn dort hieß es zur Begründung lediglich:

„Wenn ein Minderjähriger seinen Unterhalt dadurch zu beschaffen g e n ö - t h i g t (Hervorhebung des Verfassers) ist, daß er in Dienst oder Arbeit tritt, so bringen die Verhältnisse der Regel nach es mit sich, daß ihm der gesetzliche Vertreter die Einwilligung dazu im Allgemeinen ertheilt und im Übrigen die Aufsuchung und Begründung eines geeigneten Unterkommens überläßt. Verträge, welche hierauf abzielen, werden im Leben unbedenklich mit dem Minderjährigen unmittelbar und allein abgeschlossen[61]."

Die Auffassung, welche in der Vorschrift mehr oder weniger starke „sozialpolitische" Motive des bürgerlichen Gesetzgebers vermuteten, bewegten sich im Bereich von Unterstellungen, insbesondere auch deshalb, weil ein einziger Wille des Gesetzgebers angesichts der großen Zahl der Reichstagsabgeordneten kaum feststellbar war, es sei denn jener, zu dem sich der Abgeordnete Fürst bei der ersten Beratung des BGB bekannt hatte: „Wir wollen nichts Neues schaffen, wir wollen nur eine sogenannte Kodifikation aus all den vielen jetzt in Deutschland zu Recht bestehenden Rechten zusammenbringen[62]."

§ 113 BGB war keine Neuschöpfung des bürgerlichen Gesetzgebers, dieser hatte in der Bestimmung nur vereinheitlicht, was partikulär schon allgemein gegolten hatte. Die wirkliche Bedeutung der Bestimmung war daher auch kaum aus Äußerungen des Gesetzgebers zu erfassen, sondern eher aufgrund ihrer tatsächlichen Funktion, die sie im Arbeitsleben auch schon vor Inkrafttreten des BGB erfüllt hatte.

So kamen jene Auffassungen, welche für eine große Zahl von Minderjährigen die Anwendung der „allgemeinen, zeitraubenden" Schutzvorschriften für „untunlich" und „unpraktisch" hielten[63] und der Vorschrift die „Erleichterung des Rechtsverkehrs mit Minderjährigen zuschrieben"[64], ihrer wirklichen Bedeutung schon ein wenig näher. Der Verzicht auf die sonst erforderlichen Einzelgenehmigungen zum Abschluß von Arbeitsverträgen und allen daraus folgenden Rechtsgeschäften wird einer großen Zahl von Minderjährigen den rechtsgeschäftlichen Verkehr im Erwerbsleben sehr erleichtert haben, zumal die Mobilität sehr stark war und die Arbeiter ihre Arbeitsgeber wegen auch noch so geringer Lohnverbesserungen oft wechselten. Es darf aber nicht übersehen werden, daß mit einer sol-

---

[61] Motive I, S. 144.
[62] Reichstag, Sten.Ber., 9. Legislat.Per., 4. Session, 1895/97, S. 765.
[63] So insbes. *Dillmann*, S. 70; ebenfalls *Küster*, S. 45.
[64] So *Kähler*, S. 137; *Stadthagen*, S. 53; *Planck*, 3. Aufl. (1903), § 113 Anm. 1; vgl. aber auch die eigenartige und unzutreffende Auffassung von *Schmidt*, S. 79: ‚Durch § 113 BGB sollte dem Landesrecht die Möglichkeit genommen werden, die erweiterte Geschäftsfähigkeit wieder einzuschränken.' § 113 BGB hatte sich doch, wie oben gezeigt, im partikulären Gesinderecht, d. h. Landesrecht, entwickelt!

3. Bedeutung der Vorschrift für die minderjährigen Arbeiter

chen, allgemeinen Formulierung, wie sie insbesondere Auerswald gebrauchte — „§ 113 BGB dient in erster Linie der Sicherheit des Verkehrs"[65] —, nicht sehr viel anzufangen ist, weil damit meist verborgene Interessen und Motive verdeckt werden. § 113 BGB sollte dem Minderjährigen nicht in erster Linie dienen; der Vertragsschluß sowie die Vornahme der damit zusammenhängenden Rechtsgeschäfte sollte ihm nicht grundsätzlich erleichtert werden. Diesen Auffassungen ist entgegenzuhalten, daß sie die Bedeutung der Vorschrift einseitig, nur aus der Sicht des Bürgerlichen Gesetzbuches, ohne Blick auf andere Rechtsbestimmungen und insbesondere aus der Beziehung des Minderjährigen zu seinem gesetzlichen Vertreter, nicht aber zu seinem Arbeitgeber zu verstehen suchten. Allein aber aus dieser Beziehung heraus hatte sich die Vorschrift in ihrer besonderen Ausgestaltung im Gesinderecht entwickelt, und aus dieser heraus war auch ihre erhebliche Bedeutung zu verstehen. Sie diente nicht primär dem Minderjährigen, bezweckte auch nicht, dem Minderjährigen den Abschluß des Arbeitsvertrages oder etwa das Führen von Prozessen wegen des Arbeitsverhältnisses zu erleichtern[66]. Das zeigte schon das Bemühen des maßgeblich unter dem Einfluß der Unternehmer stehenden bürgerlichen Gesetzgebers, der zur gleichen Zeit, als das BGB beraten wurde, versuchte, die „allzu große" Bewegungsfreiheit der minderjährigen Arbeitnehmer einzuschränken"[67]. So wurden z. B. mit der Novelle zur Gewerbeordnung im Jahre 1891 speziell für minderjährige gewerbliche Arbeiter Arbeitsbücher eingeführt, § 107 GewO, um den allzu häufigen Arbeitsplatzwechsel freier Arbeitskräfte einzuschränken und die Autorität der gesetzlichen Vertreter zu stärken[68]. Diese Arbeitsbücher brachten keine Erleichterung des Vertragsschlusses, wenn der Unternehmer nicht verpflichtet war, die Minderjährigen vor Ablieferung des Arbeitsbuches zu beschäftigen, wenn der Minderjährige sich zur Ausstellung des Arbeitsbuches zunächst an die Polizeibehörde zu wenden hatte, der Antrag dazu grundsätzlich vom gesetzlichen Vertreter zu stellen war, ausnahmsweise vom Minderjährigen mit Zustimmung des gesetzlichen Vertreters, wenn der Unternehmer das Buch während der Beschäftigung aufzubewahren hatte und erst bei rechtmäßiger Lösung des Arbeitsverhältnisses wieder zurückzugeben brauchte und wenn die

---

[65] *Auerswald*, S. 31; vgl. auch LAG Dortmund, Urteil v. 9. 9. 1938, ARS 34, 65 mit derselben Formulierung; ebenso für die jüngste Zeit *Feller*, S. 420 f.

[66] Vgl. dazu oben S. 37 zum Streit über seine Berechtigung zum selbständigen Führen von Prozessen.

[67] Vgl. dazu *Wurm*, Sten. Ber., 8. Legislat. Per., 1. Session, 1890, S. 1634 gegen solche Versuche der Unternehmer, den Arbeiter auf diese Weise stärker auszunutzen.

[68] Vgl. dazu die teilweise zweifelhaften Begründungen in Kommissionsbericht, Reichstag, Sten.Ber., 8. Legislat.Per., 1. Session, 1890/91, Anlagen, S. 1441 f.

Aushändigung dann grundsätzlich gegenüber dem gesetzlichen Vertreter zu erfolgen hatte[69].

Schon diese Bemühungen verdeutlichten, daß die „Erleichterung des Vertragsschlusses" nicht der ausschließliche Grund der Entwicklung des § 113 BGB gewesen sein kann, sondern weit mehr egoistische Interessen der Herrschaften und Unternehmer hierbei mitgewirkt hatten. Nicht nur aus Bequemlichkeit waren diese an einer weiten rechtlichen Selbständigkeit der minderjährigen Arbeiter interessiert[70], sondern insbesondere auch deswegen, weil sie auf diese Weise, wie schon die Herrschaften in den Zeiten des Gesindewesens, ihre Arbeitsbedingungen dem Minderjährigen ohne Kontrollmöglichkeit durch Dritte aufs leichteste diktieren konnten. Wenn schon die erwachsenen Arbeiter sich wegen ihrer wirtschaftlichen und sozialen Lage kaum gegen die Diktate der Arbeitgeber behaupten konnten, so galt dies erst recht für die noch nicht erwachsenen Arbeiterkinder. Diese waren weder körperlich noch geistig so weit entwickelt und herangereift, um den Umfang und die Grenzen der ihnen zustehenden Rechte überhaupt zu erkennen, geschweige denn davon einen richtigen Gebrauch zu machen und die Tragweite sowie Folgen der eingegangenen Verpflichtungen zu übersehen. So erleichterte ihre erweiterte rechtliche Selbständigkeit und Eigenverantwortlichkeit im Arbeitsleben den Unternehmern die rechtliche Übervorteilung.

aa) Es war daher nicht verwunderlich, wenn sich besonders die Unternehmer auf diese Vorschrift beriefen und dadurch etwa die Wirksamkeit von Lohnverzichtserklärungen geltend machten[71]. Es war gewiß kein Zufall, daß im einschlägigen Schrifttum der Jahrhundertwende, ja sogar in den Motiven, als dem Minderjährigen im Rahmen seiner rechtlichen Selbständigkeit überlassene Rechtsgeschäfte fast ausschließlich solche aufgeführt wurden, die für ihn besonders nachteilig waren; sie bezogen sich auf seine Lohnforderung; er wurde für berechtigt angesehen, sich selbständig darüber mit dem Arbeitgeber zu vergleichen, den Anspruch zu erlassen, zu verzichten und zu stunden[72].

Es entspricht alter Erfahrung, daß mit der Entscheidung über die „Verwaltung des Geldes" zugleich auch über die Machtverteilung entschieden wird. Dies bewahrheitete sich auch in dem Umfang der Verwaltungs-

---

[69] Vgl. dazu im einzelnen *Hueck-Nipperdey*, 3.—5. Aufl. (1931) I, S. 473 f.; desgl. ausführlich *Kaskel*, 2. Aufl., S. 72.

[70] So aber *Herrenhaus*, S. 63; im Anschluß daran RGZ 28, 278: „Dritten kann nicht zugemutet werden, sich um die Genehmigung des gesetzlichen Vertreters zu bewerben." Vgl. auch LAG Dortmund in ARS 34, 65.

[71] Vgl. z. B. die Urteile des LAG Darmstadt vom 31. 5. 1930, DRZ 1930, Nr. 540 und des LAG Plauen vom 8. 6. 1928, in ARS 4, Nr. 14.

[72] Vgl. dazu Übersicht in den Motiven I, S. 145; vgl. auch *Hörle*, S. 38: ‚Lohn in Darlehen umwandeln'; eingehend *Planck*, 3. Aufl., AT, § 113 Anm. 2; *Oertmann*, § 113 Anm. 5 b.

3. Bedeutung der Vorschrift für die minderjährigen Arbeiter

befugnis des minderjährigen Arbeiters über seinen Arbeitslohn. Er spiegelt die historisch-soziologische Mächtekonstellation von Unternehmern und gesetzlichen Vertretern wieder, in welcher sich der Minderjährige zur Zeit der Jahrhundertwende bewegte.

Während er einerseits zum Schutz vor Unerfahrenheit und Unreife im Rechtsverkehr über seinen Arbeitslohn Dritten gegenüber nicht selbständig verfügen durfte, ihn vielmehr den Eltern zur Verwaltung zu überlassen hatte und diese ihn nach ihrem Gutdünken verwerteten, konnte er andererseits alle nur denkbaren Rechtsgeschäfte über seinen Lohn mit dem Arbeitgeber selbständig vornehmen. Die an sich inkonsequente Verfügungsbeschränkung gegenüber Dritten und weite Verfügungsfreiheit gegenüber dem Unternehmer war nur aus den sozialen Verhältnissen der Jahrhundertwende zu verstehen: Die Unternehmer hatten ein großes Interesse daran, in Lohnfragen nur mit dem Minderjährigen zu verhandeln, um diesen leichter zu übervorteilen; die Arbeiterfamilien, die auf den Arbeitsverdienst sämtlicher arbeitsfähigen Mitglieder angewiesen waren, konnten ihn aus wirtschaftlichen Gründen nicht der alleinigen Verwaltung des Minderjährigen belassen. So hatte z. B. Rosa Kempf in ihrer Untersuchung über das Leben junger Fabrikmädchen in München im Jahre 1910 festgestellt, daß das durchschnittliche Familieneinkommen sich zu 42 % aus dem Verdienst des Familienvaters, zu 13 % dem der Söhne, zu 30 % dem der Töchter und zu 15 % dem der Mutter zusammensetzte[73].

Otto Bähr hatte daher auch nicht mit seinem Vorschlag durchdringen können, dem BGB in § 1371 folgende Bestimmung einzufügen:

„Hat das Kind das 16. Lebensjahr überschritten, so kann es, auch wenn es dem Hausstande der Eltern noch angehört, verlangen, daß dasjenige, was es durch seine Arbeit über den Betrag seiner Unterhaltskosten hinaus erreicht, ihm als freies Vermögen, über das es selbständig verfügt, belassen werde. Es bedarf jedoch hierzu einer Vereinbarung zwischen den Eltern und dem Kinde, durch welche zugleich der Betrag des dem Kinde zu belassenden bestimmt wird. Ohne eine solche Vereinbarung hat das Kind keinen Anspruch[74]."

Eine solche Bestimmung mußte auf Widerspruch stoßen, da die Kinder, auch wenn sie mit 16 Jahren eine gewisse Reife erlangten, ihren Eltern vielfach noch den Verdienst abzuliefern hatten[75]. Das Recht des Minderjährigen, über seinen Arbeitsverdienst selbständig zu verfügen, blieb

---
[73] Rosa *Kempf*, S. 122 f.
[74] *Bähr*, S. 310, Vorschlag zu § 1367 BGB.
[75] So auch die Begründung zur Ablehnung dieses Vorschlages in: Protokolle IV, S. 575 zu § 1518; vgl. z. B. zur wirtschaftlichen Situation in der Weimarer Zeit *Mewes*, S. 80, wonach noch 81 % der befragten Jugendlichen den gesamten Lohn oder einen Teil davon abgeben mußten. Vgl. z. B. auch GewG Stuttgart, vom 4. 4. 1905, wonach die gegen den Willen des Minderjährigen erfolgte Auszahlung des Arbeitslohnes an seinen gesetzlichen Vertreter zu Recht erfolgt war, GewG, 10. Jg., Sp. 203.

daher entsprechend der historisch-soziologischen Konstellation zur Zeit der Jahrhundertwende unverändert bestehen: Gegenüber dem Unternehmer konnte der Minderjährige über seinen Lohn frei verfügen, sobald er das Geld aber erhalten hatte, dieses sich in seiner Tasche befand, stand dem Vater die alleinige Verwaltung zu[76].

bb) In der Praxis hatten sich noch weitere Möglichkeiten der rechtlichen Übervorteilung entwickelt. Die Unternehmer versuchten, die Einhaltung der Verträge durch Vereinbaren von Nebenabreden, insbesondere Vertragsstrafen abzusichern. So war es in der Zeit der Jahrhundertwende die umstrittenste Frage zu § 113 BGB, ob der Minderjährige im Rahmen seiner weiten rechtlichen Selbständigkeit auch ungewöhnliche Nebenabreden wirksam vereinbaren konnte[77]. Hierzu hatte sich in der Folgezeit, den zwanziger Jahren, eine Auffassung durchgesetzt, die den Schutz des Minderjährigen stärker betonte. So hatte z. B. das Reichsarbeitsgericht die Wirksamkeit einer Wettbewerbsklausel verneint, die eine Hamburger Wäscherei mit einer gewerblichen Arbeitskraft, einem minderjährigen Kutscher, abgeschlossen hatte, da eine solche Vereinbarung nicht verkehrsüblich gewesen war[78].

Auch durch sonstige Vereinbarungen suchte man die minderjährigen Arbeiter zu benachteiligen. Dies galt z. B. für den 16jährigen Arbeiter, der bei seiner Einstellung unterschreiben mußte, daß er auf Lohnansprüche für die durch den Besuch der Fortbildungsschule versäumte Arbeitszeit sowie auf den in dem § 616 BGB geregelten Anspruch verzichtete. Das Gewerbegericht Solingen konnte die Wirksamkeit dieser Nebenabreden aufgrund der Bestimung des § 113 BGB nicht verneinen[79].

Angesichts der weitgehend entrechteten Stellung des Gesindes war es nicht verwunderlich, wenn ein Unternehmer, wie z. B. die Stadt Berlin, von einem Arbeiter, einem Krankenpfleger, die Erklärung verlangte, daß er sich als zum Gesindestande zugehörig betrachte[80].

Zahlreich waren auch jene Vereinbarungen gewesen, in denen sich der Minderjährige verpflichtete, einer teilweisen Einbehaltung seines Lohnes als Kaution für unrechtmäßiges Verlassen des Arbeitsplatzes, sprich

---

[76] Vgl. zur dogmatischen Begründung dieser tatsächlichen Gestaltung die Untersuchungen von *Zirkel*, S. 633 ff. sowie *Schefold*, S. 305 ff., insbes. 311.

[77] Dieses wurde bejaht von *Planck*, 4. Aufl. 1913, AT, S. 269 m. Nachw.; OLG Colmar, Urteil v. 24. 1. 1903 in: Recht 1903, 102; KaufmG Mannheim, Urteil v. 18. 3. 1912 in GewG 17, Sp. 277 f.; vgl. auch *Schmidt*, S. 104; a. M. *Dernburg* I, S. 409 m. Nachw.; im gleichen Sinne auch schon früher RGZ 28, 278.

[78] Vgl. RAG, Urteil v. 9. 5. 1928, in RAG 2, 283; im gleichen Sinne auch schon die Vorinstanz LAG Hamburg, Urteil v. 30. 2. 1927, LAG 2, 171.

[79] GewG Solingen, Urteil v. 25. 11. 1915, in GewG 21. Jg., Sp. 115.

[80] Mitgeteilt von *Stadthagen*, in: Reichstag, Sten.Ber., 8. Legislat.Per., 1. Session, 1890/91, S. 1710.

3. Bedeutung der Vorschrift für die minderjährigen Arbeiter

Streik, zuzustimmen[81]. Daß der Vertragsfreiheit der Unternehmer, d. h. ihrer tatsächlichen Macht, die Verträge zu diktieren, durch das kollektive Vorgehen der Arbeiterschaft ernsthafte Gefahren drohten, hatten sie bald erkannt. So war es bezeichnend, daß sie die rechtliche Eigenverantwortlichkeit der Minderjährigen im Kampfe gegen das Erstarken der Arbeiterschaft ausnutzten und sich etwa die Nichtzugehörigkeit zu einer Gewerkschaft in den Arbeitsverträgen ausbedungen[82]. Die §§ 17, 18 des Reichsvereinsgesetzes vom 19. 4. 1908[83] ergänzten diese Bemühungen nur noch, wenn sie Personen unter 18 Jahren die Mitgliedschaft in politischen Vereinen untersagten[84].

Auch bei der Lösung der Arbeitsverhältnisse[85] wurde das wirtschaftliche und persönliche Übergewicht der Unternehmer deutlich. Der Minderjährige war berechtigt, die Kündigung selbständig entgegenzunehmen; dabei kam es häufig vor, daß er auf einer Quittung den Empfang der üblichen Arbeitspapiere sowie eine Bestätigung abgeben mußte, daß er keine Ansprüche mehr gegen den Arbeitgeber hätte[86].

Diese Beispiele zeigen die wahre Bedeutung der Vorschrift: Sie diente zur Übervorteilung der minderjährigen Arbeiter. Wenn Menger dem Bürgerlichen Gesetzbuch die einseitige Begünstigung der besitzenden Klassen vorwarf[87], dann traf dieser Vorwurf auch besonders die Vorschrift des § 113 BGB. So wie diese Bestimmung den Herrschaften in den Zeiten des Gesindewesens, in der Jahrhundertwende noch deutlich erkennbar für das häusliche Gesinde, zur leichteren Durchsetzung der Arbeitsbedingungen gedient hatte, so hatte sie dieselbe Bedeutung für die Unternehmer behalten.

c) Nur wenige hatten in der weiten rechtlichen Selbständigkeit der minderjährigen Arbeiter die Gefahr der Übervorteilung gesehen[88]. Der

---

[81] Vgl. dazu *Gutfleisch* zur Erörterung der geplanten §§ 115, 117 GewO, Reichstag, a.a.O., S. 1702; vgl. auch *Schmidt*, S. 69.

[82] Vgl. dazu im einzelnen *Korn*, S. 51 f., 233; LAG Königsberg, Urteil v. 2. 11. 1927, in LAG 2, 227: Ein Minderjähriger sollte dort nur einem Sportverein beitreten dürfen.

[83] RGBl. S. 151.

[84] Vgl. zu den Auswirkungen *Korn*, S. 110.

[85] Zu erschwerten Kündigungsbedingungen auf Seiten der minderjährigen Arbeiter vgl. GewG Pforzheim, Urteil v. 6. 8. 1906, in GewG 12, Sp. 200.

[86] Vgl. dazu *Stillich*, s. oben S. 38; vgl. hierzu auch RAG, Urteil v. 1. 2. 1928, in ARS 2, 14 f. zum Verzicht auf Lohn durch einen Müllerlehrling; vgl. LAG Plauen, Urteil v. 8. 7. 1928, in ARS 4, S. 52; Verzicht eines 20jährigen auf Lohnansprüche; vgl. dagegen auch LAG Darmstadt, Urteil v. 31. 5. 1930, in DRZ 1930 Nr. 540, wo eine Ermächtigung im Sinne des § 113 BGB nicht nachgewiesen war und die von einem 17jährigen unterschriebenen Ausgleichsquittungen daher auch unwirksam waren.

[87] *Menger*, Vorrede zur 3. Aufl.

[88] *Auerswald*, Sp. 27 „Jugendliche sind den im Verkehr auftretenden Schwierigkeiten und drohenden Gefahren der Übervorteilung vielfach nicht gewach-

einzige aber, der die Beseitigung der Vorschrift gefordert hatte, war Menger, der in seiner Kritik des „Bürgerlichen Rechtes" aus der Sicht der „besitzlosen Volksklassen" zu der Bestimmung des § 113 BGB folgendes bemerkt hatte:

„Das einzige Besitztum dürftiger Kinder ist ihre Arbeitskraft, deren richtige Verwendung nicht nur für ihre wirtschaftliche Zukunft, sondern auch für ihre körperliche und sittliche Entwicklung von entscheidender Bedeutung ist... Man sollte deshalb erwarten, daß der Entwurf Bestimmungen enthalten wird, durch welche die Dienst- oder Arbeitsverhältnisse minderjähriger Personen, welche vorzüglich bei den besitzlosen Volksklassen vorkommen, der schärfsten Kontrolle der Eltern, des Vormundes und des Vormundschaftsgerichts unterstellt werden. In Wirklichkeit ist aber das gerade Gegenteil der Fall... Kurz, nach dem Entwurf... ist für das körperliche und sittliche Wohl der Minderjährigen aus den besitzlosen Volksklassen gerade in der gewichtigsten Bestimmung eigentlich niemand verantwortlich[89]."

d) Es war sicherlich eine Folge der von Menger kritisierten Nichtbeteiligung der besitzlosen Volksklassen bei der Schöpfung des Bürgerlichen Gesetzbuches, daß ihre schutzwürdigen Interessen, insbesondere die der Minderjährigen, welche schon frühzeitig im Erwerbsleben standen, nicht die gebührende Berücksichtigung gefunden hatten. Das Bürgerliche Gesetzbuch war, wie sein Name verriet, ein Werk der „bürgerlichen" Klassen, eine Sonderordnung der bürgerlichen Gesellschaft[90], geschaffen aus der Sicht und für die Interessen des bürgerlichen Standes, das daher die wirtschaftliche und rechtliche Lage der in fremden Diensten gegen Lohn beschäftigten Volksschichten nicht so eingehend beachtet hatte[91].

So bedurften z. B. Rechtsgeschäfte, durch die sich ein Minderjähriger zur Verfügung über sein Vermögen im ganzen verpflichtete, was praktisch nur für ein bürgerliches Kind in Frage kam, nicht nur der elterlichen, sondern auch der vormundschaftsgerichtlichen Genehmigung, §§ 1643, 1822 Nr. 1 BGB; für den Schutz der Minderjährigen, deren einziges Vermögen ihre Arbeitskraft war, hatte man nicht in derselben Weise gesorgt, wenn für Rechtsgeschäfte, in denen sie darüber verfügten, die einmalige und allgemeine väterliche Genehmigung ausreichte. Das Bürgerliche Gesetzbuch schützte die Minderjährigen, die dem Arbeiterstande angehörten und auf eine frühe Ausnutzung ihrer Arbeitskraft angewiesen waren, nicht wie die bürgerlichen Kinder vor den Gefahren des Rechtsverkehrs, wenn die vorzeitige Volljährigkeitserklärung frühestens nach

---

sen'; *Hörle*, S. 42: ‚Die Freiheit verträgt sich mit einem Alter vor dem vollendeten 18. Lebensjahr nur in ganz seltenen Fällen'; *Schmidt*, S. 127: ‚Mit einem frühen Alter verträgt sich die Freiheit nur in den seltensten Fällen'; *Gebhard*, S. 50: „Nicht zu verkennen ist, daß die Minderjährigen durch die vorgeschlagene Bestimmung einer gewissen Gefahr ausgesetzt werden."

[89] *Menger*, S. 108 ff.
[90] *Wieacker*, S. 274.
[91] Vgl. auch *Nikisch* I, S. 19.

3. Bedeutung der Vorschrift für die minderjährigen Arbeiter

der Vollendung des 18. Lebensjahres und nur unter der Bedingung erfolgen konnte, daß es zum Besten des Minderjährigen geschah und wenn die elterliche Genehmigung zum Betriebe eines Erwerbsgeschäftes nur mit vormundschaftsgerichtlicher Genehmigung wirksam erteilt werden konnte. Es betraf daher nur die „bürgerlichen" Minderjährigen, wenn es in den Motiven hieß:

„Minderjährige, welche das 7. Lebensjahr zurückgelegt haben, sind zwar willensfähig, besitzen aber nicht denjenigen Grad geistiger Reife und geschäftlicher Erfahrung, welcher erforderlich ist, um ungefährdet im Rechtsverkehr selbständig auftreten zu können. Der seitens der Rechtsordnung ihnen zu gewährende Schutz besteht darin, ... daß die von ihnen vorgenommenen nachteiligen Rechtsgeschäfte möglichst unschädlich gemacht werden[92]."

Für die Arbeitstätigkeit der Minderjährigen, die schon in jungen Jahren einsetzte, war kein bürgerlichrechtlicher Schutz vorgesehen.

Moufang irrte, wenn er das bürgerliche Recht als das allen Ständen gemeinsame Privatrecht ansah[93]. In Wirklichkeit hatte sich die ständische Gliederung des Gemeinwesens und damit auch des Rechts im Bürgerlichen Gesetzbuch erhalten können. Dies bewiesen die verschiedenartigen, standesbedingten Normen zur Geschäftsfähigkeit der Minderjährigen.

Während nach Art. 57 EGBGB das Sonderrecht der souveränen Häuser fortgalt, u. a. die Bestimmungen über das Alter der Großjährigkeit der Mitglieder der regierenden Familien[94] — es lag beim 18. Lebensjahr —, galt für die Minderjährigen der bürgerlichen Klasse § 2 BGB, wonach die Volljährigkeit mit der Vollendung des 21. Lebensjahres begann; und für die Angehörigen der Arbeiterklasse fand die im Gesinderecht entwickelte Vorschrift des § 113 BGB Anwendung, welche den Beginn der arbeitsrechtlichen Mündigkeit ab dem vollendeten 7. Lebensjahr in das Belieben der gesetzlichen Vertreter stellte.

So berechtigt Mengers Kritik an der Vorschrift des § 113 BGB war[95], so wenig hätte sein Vorschlag, die Vorschrift einfach zu streichen, an den tatsächlichen Verhältnissen etwas geändert[96]. Diese Vorschrift ermöglichte nicht erst die Übervorteilung, sie war vielmehr nur der rechtliche Ausdruck einer schon seit langem in der Praxis bewährten, „zweckmäßigen"[97], sozialen Ordnung; diese „nicht dem Schutz des Minderjährigen dienende Vorschrift"[98] war das Ergebnis der historisch-soziologischen

---

[92] Motive, S. 131 zu § 65.
[93] *Moufang*, S. 54.
[94] Vgl. dazu die Begründung bei *Mugdan* EG, S. 21 zu Art. 33.
[95] Vgl. dagegen die Stellungnahme in den Münchener Neuesten Nachrichten vom 25. 4. 1898, ebenso *Neumann*, Gruch 33, 689.
[96] Im gleichen Sinne auch *Schmidt*, S. 121.
[97] So *Schilling*, mitgeteilt in Zusammenstellung, S. 121.
[98] So *Auerswald*, S. 35.

Konstellation, in welcher dem Arbeiter als solchen sowie dem minderjährigen Arbeiter wegen seiner Zugehörigkeit zu einer unter der bürgerlichen Gesellschaft stehenden Klasse auch eine andere rechtliche Stellung zukam; ‚die vielen hunterttausend Minderjährigen aus dem Arbeiterstande waren mit 14 Jahren schon meist wirtschaftlich mündig, d. h. schrankenlos ausbeutungsfähig', sie waren, wie Korn ohne § 113 BGB zu kennen, feststellte, „für das Kapital und seine *Rechtsordnung* Erwachsene, deren Schultern die volle Arbeitslast der Erwachsenen aufgebürdet werden konnte"[99].

Mit der Aufhebung der Vorschrift hätte sich an den Tatsachen nichts geändert, dazu hätten diese, die standesbedingte Ungleichheit von Bürgern und Arbeitern beseitigt werden müssen, die im Bürgerlichen Gesetzbuch nur ihre rechtliche Formulierung erfahren hatte[100].

Vom heutigen Standpunkt aus ist in der Vorschrift des § 113 BGB die rechtliche Benachteiligung eines bestimmten Standes von Minderjährigen leicht zu erkennen. Es darf jedoch nicht übersehen werden, daß man zur Zeit der Jahrhundertwende zu einer solchen Feststellung nur schwer gelangen konnte, was sich auch in der Ablehnung des Vorschlages von Menger zeigte. Die herrschenden Klassen sahen den Arbeiterstand, das Proletariat, als einen unter ihnen stehenden und streng von ihnen geschiedenen Stand an; für diesen hatten andere tatsächliche und rechtliche Regeln zu gelten. Wenn man wie sie von der vorhandenen Ungleichheit von Arbeitern und Bürgern ausging, dann enthielt der § 113 BGB durchaus eine „Wohltat", weil er den Minderjährigen den Kampf um die Beseitigung ihrer wirtschaftlichen Not dadurch erleichterte, daß er sie nicht mehr auf die sonst erforderlichen Einzelgenehmigungen festlegte[101].

III. Bedeutungswandel der Vorschrift in der industriellen Arbeitswelt

1. Vorbemerkung

Die bisherige Darstellung zeigte die Bedingungen, die der Entstehung der rechtlichen Selbständigkeit einer Klasse von Minderjährigen für einen bestimmten Bereich von Rechtsgeschäften zugrunde gelegen hatten.

---

[99] *Korn*, S. 18.
[100] Vgl. dazu Reichstag, Sten.Ber., 9. Legisl.Per., 4. Session, 1895/97, S. 2791 ff. zur Ablehnung des Antrages der Sozialdemokratie, an die Stelle von „Dienstvertrag" in den §§ 611 ff. BGB das Wort „Arbeit" zu setzen und damit auch die Rechtsverhältnisse der Arbeiter im Bürgerlichen Gesetzbuch zu regeln.
[101] Vgl. oben S. 49.

Dabei ergab sich, daß die soziale Sonderstellung eines Standes, zunächst des Gesindes, dann des Arbeiters, ihren rechtlichen Ausdruck in der Sondervorschrift des § 113 BGB erhalten hatte.

Im folgenden ist zu untersuchen, welche Bedeutung diese Vorschrift aufgrund der erheblichen Umgestaltung im Arbeitsleben seit der Jahrhundertwende erhalten hat. Dies setzt eine Darstellung aller das Arbeitsleben der Minderjährigen betreffenden tatsächlichen Veränderungen voraus. Es sind dies zu einem Teil Entwicklungen des Arbeitslebens der Erwachsenen; zum anderen Teil aber auch solche, die speziell nur die Stellung der Minderjährigen im Arbeitsleben betreffen. Diese lassen sich trotz ihrer Vielfalt im wesentlichen unter zwei Gesichtspunkten zusammenfassen: Einmal hat sich die Stellung der Minderjährigen im Arbeitsleben zu den Unternehmern, den Arbeitgebern, gewandelt; dieser Wandel betrifft mehr die Minderjährigen, die bereits voll im Erwerbsleben stehen; zum anderen hat sich das Verhältnis der Minderjährigen zum Arbeitsleben der Erwachsenen überhaupt, die Intensität ihrer Berührung mit dem Erwerbsleben verändert.

2. Erstarken der Arbeiterschaft

a) Ein tiefgreifender Wandel im Arbeitsleben seit der zweiten Hälfte des 19. Jahrhunderts und verstärkt einsetzend seit dem 20. Jahrhundert ist dem Erstarken der Arbeiterschaft, ihrem erfolgreichen Bemühen zur Besserung ihrer Arbeitsbedingungen zuzuschreiben. Die Emanzipation des Arbeiters hat die soziale Struktur von Grund auf verändert. Das überkommene Verhältnis, wie es zwischen Herrschaft und Gesinde sowie Unternehmern und Arbeitern bestanden hatte, ist einer neuen Machtverteilung gewichen.

In der vorindustriellen Zeit hatte sich das „complottierende" Gesinde — ungeachtet seiner sozialen und politisch unterdrückten Lage — auch wegen seiner besonderen Arbeitsbedingungen, der persönlichen Einordnung in eine Hausgemeinschaft, der fehlenden Zusammenballung in Großbetrieben, nicht zur Besserung seiner Lage durchsetzen können; die Herrschaften waren die bewegenden Kräfte dieses Arbeitsrechts geblieben; es war in den zahlreichen Polizei- und Gesindeordnungen von ihren einseitigen Interessen bestimmt und gestaltet worden.

In der industriellen Arbeitswelt haben sich die Arbeiter, begünstigt von den Arbeitsbedingungen, der fehlenden Einordnung in ein häusliches Herrschaftsverhältnis, der Größe der Betriebe und Fabriken und daraus folgenden Konzentration der Arbeiter, in geschichtlich kurzer Zeit ein weitgehendes Mitspracherecht bei der Festsetzung ihrer Arbeitsbedingungen und eine gleichberechtigte Stellung gegenüber den Unternehmern erkämpft. Die Arbeiterbewegung, die sich in den Verbänden, den Gewerkschaften kristallisierte, hat einen mächtigen Aufschwung genommen. Durch den Zusammenschluß, das vereinte Vorgehen, wurde die Schwäche und Unterlegenheit des einzelnen Arbeiters in Stärke der gesamten Arbeiterschaft verwandelt. Die vereinte Arbeiterschaft konnte dem Unternehmer eine wirksame Macht entgegenstellen und als ebenbürtiger Partner gerechtere Arbeitsbedingungen durchsetzen. Die Arbeiter erzwangen im gemeinsamen Vorgehen den Abbau der wirtschaftlichen, sozialen und politischen Übermacht der Unternehmer, ihren sozialen Aufstieg und eine dem jeweiligen Stand der wirtschaftlichen und sozialen Entwicklung angemessene Teilnahme am Produktionszuwachs. Die gesellschaftlichen Unterschiede zwischen Bürger und Arbeiter wurden nivelliert und die Distanz zwischen der proletarischen und bürgerlichen Sphäre überwunden.

aa) Die Tarifverträge bildeten dazu das wirksamste und praktisch bedeutungsvollste Instrument. In ihnen wurden alle wichtigen Fragen des Arbeitsverhältnisses von wirtschaftlich ebenbürtigen Partnern zunächst unverbindlich, dann mit zwingender Wirkung für alle betroffen, tarifgebundenen Personen ausgehandelt. Dem Unternehmer wurde die Möglichkeit genommen, dem einzelnen Arbeitnehmer seine Arbeitsbedingungen aufzuzwingen, da die kollektiv ausgehandelten Vereinbarungen den Vorrang vor den individuellen Abmachungen erhielten und schließlich unabdingbar wurden. Alle wesentlichen Bedingungen eines Arbeitsverhältnisses wie die Entlohnung, die Arbeitszeit, der Urlaub wurden im Laufe der Entwicklung für den größten Teil aller Arbeitnehmer kollektiv geregelt.

bb) Nicht nur die Tarifverträge ließen die Bedeutung der Einzelvereinbarung zwischen Unternehmer und Arbeiter in den Hintergrund treten; auch in den Betrieben erkämpften sich die Arbeiter, die Belegschaft, eine verstärkte Mitbestimmung in allen das betriebliche Verhältnis betreffenden Fragen. Die Mitwirkung der Belegschaft bei der Ordnung der innerbetrieblichen Beziehungen zwischen Arbeitgeber und Arbeitnehmer wurde durch den Betriebsrat gewährleistet, der die Interessen der Arbeitnehmer zu vertreten hatte. Das einseitige Direktionsrecht des Unternehmers wurde zugunsten der betrieblichen Vereinbarung beschränkt. „An die Stelle des herrschaftlichen Wirtschaftsrechtes des Arbeitgebers trat die Wirtschaftsverfassung[1]." Durch eine Vielzahl von Mitwirkungsrechten, vom bloßen Informationsrecht über die erforderliche Anhörung und Zustimmung des Betriebsrates bis zur gleichberechtigten Mitbestimmung gewann die kollektive, innerbetriebliche Regelung des einzelnen Arbeitsverhältnisses an Bedeutung; die Einzelvereinbarung trat hinter

---

[1] *Sinzheimer*, Arbeiterbewegung, S. 9.

der kollektiven, die Bedürfnisse des einzelnen Arbeitnehmers im Betrieb stärker berücksichtigenden, innerbetrieblichen Regelung zurück.

b) Die Gewerkschaftsbewegung wurde der erfolgreichste und stärkste Motor im Kampf um die Verbesserung der Arbeitsbedingungen. Sie erreichte nach ihren Anfängen im Kaiserreich einen stürmischen Aufschwung in der Weimarer Zeit; die organisierte Arbeiterschaft errang die politische Macht, sie wurde zum ersten Male vom Staat als berufener Vertreter der Arbeitnehmerinteressen anerkannt[2]. Nach dem Verbot der Gewerkschaften im Dritten Reich, das die Gestaltung der Arbeitsbedingungen Treuhändern der Arbeit übertragen hatte, konnten sie seit dem Ende des zweiten Weltkrieges im freien Teil Deutschlands wieder aufleben.

Die Gewerkschaften haben dazu beigetragen, ein neues, den schutzwürdigen Interessen der unselbständigen Arbeitnehmer entsprechendes Recht zu schaffen. Das Individualrecht, die Einzelvereinbarung, wurde zugunsten des kollektiven und gesetzlich geregelten Rechtes, zugunsten des Sozialrechtes, überwunden, das die Bedürfnisse des einzelnen Arbeitnehmers stärker beachtete und ihn schützte. Der Vorrang des Kollektivwillens vor dem Individualwillen im Arbeitsrecht wurde dadurch gesichert und die Machtlosigkeit des einzelnen gemildert[3]. Dieses Sozialrecht stand nicht wie das Gesinderecht nur auf dem Papier, seine Beachtung mußte auch nicht durch Polizei- oder Strafgewalt erzwungen werden; es war ein lebendes, im steten Kampf errungenes Recht, das dem Arbeitnehmer eine beständige Verbesserung seiner Arbeitsbedingungen brachte und an dessen Beachtung und Einhaltung er daher auch ein wirkliches Interesse zeigte.

Die von den Gewerkschaften in den Tarifverträgen und sonstigen kollektiven Vereinbarungen erkämpften Arbeitsbedingungen sind praktisch allen Arbeitnehmern zugute gekommen. Einerseits wurden die in langjähriger Tarifpraxis bewährten Regelungen vom Gesetzgeber übernommen und auf diese Weise für alle Arbeitnehmer verbindlich, so z. B. die Urlaubsgesetzgebung, die Lohnfortzahlung im Krankheitsfalle; andererseits konnte der Geltungsbereich der Tarifverträge durch Allgemeinverbindlichkeitserklärungen auch auf nicht tariflich gebundene Arbeitnehmer erweitert werden; hinzu kam, daß in der Praxis, besonders in Zeiten des Arbeitskräftemangels, den Außenseitern dieselben Arbeitsbedingungen gewährt wurden wie den organisierten Arbeitskräften[4].

---

[2] Vgl. z. B. Art. 165 Abs. 1 Satz 2 der Weimarer Reichsverfassung, die Tarifvertragsverordnung vom 23. 12. 1918 sowie die Verordnung über die Tarifverträge vom 1. 3. 1928 und das Betriebsrätegesetz vom 4. 2. 1920.
[3] Vgl. *Sinzheimer*, Arbeiterbewegung, S. 7.
[4] Vgl. dazu auch *Hoffmann*, S. 127 im Zusammenhang mit einer Untersuchung zu § 113 BGB.

III. Bedeutungswandel der Vorschrift in der industriellen Arbeitswelt

Die „befestigten Gewerkschaften" von heute[5] können nicht mehr wie die klassischen Gewerkschaften nur einseitige Gruppeninteressen verfolgen; sie müssen auch auf das Ganze sehen und stellen in der Arbeitswelt und modernen Gesellschaft einen Ordnungsfaktor dar. In ihren Bemühungen, die Arbeitsbedingungen den technischen und sozialen Veränderungen anzupassen, treiben sie gesamtwirtschaftliche Politik[6]. Unter diesem Gesichtspunkt vertreten sie in der Industriegesellschaft, die nicht mehr ausschließlich von parlamentarisch-politischen Kräften, sondern auch von organisierten Gruppen repräsentiert wird, in denen sich ein erheblicher Teil der demokratischen Willensbildung vollzieht[7], die Interessen der Arbeitnehmer. So wie früher in den Zeiten des Gesindewesens die Polizei- und Gemeindeordnungen, die Tarifordnungen ein Ordnungselement darstellten, allerdings ausschließlich zugunsten derjenigen, die sie verfaßt hatten, dienen heute die fast gleichlautenden Tarifordnungen und Betriebsordnungen einer wesentlich gerechteren und wirksameren Ordnung der Arbeitswelt. Das Arbeitsverhältnis ist heute nicht mehr nur ein schuldrechtliches Verhältnis, dessen inhaltliche Gestaltung von der wirtschaftlichen Übermacht des Unternehmers gezeichnet ist. Was Sinzheimer schon 1927 bemerkt hatte, trifft heute in weit größerem Umfang zu: Der kollektive Rechtsgedanke hat an die Stelle des Diktates die wirkliche Verhandlung über die Lohn- und Arbeitsbedingungen gesetzt[8]. Die zwingenden, gesetzlichen und kollektiven Vorschriften haben die individuelle Gestaltungsfreiheit beschränkt[9]. Die wirtschaftliche und persönliche Abhängigkeit der Arbeitnehmer und die daraus folgende Gefahr der Übervorteilung ist weitgehend geschwunden, da die Mehrzahl der Arbeitsverhältnisse ihren wesentlichen Inhalt aus den kollektiven Ordnungen empfängt. Der Arbeitsvertrag dient in allen wesentlichen Bestimmungen nur noch der Konkretisierung von bereits feststehenden Bedingungen[10]. Die Einzelvereinbarung bezweckt nicht mehr die Übervorteilung des Arbeitnehmers.

c) Angesichts dieser Entwicklung hat sich auch die Stellung des minderjährigen Arbeitnehmers gegenüber seinem Arbeitgeber gewandelt. So-

---

[5] So *Götz Briefs*, S. 7.

[6] *Hartfiel*, Sp. 670; dies wird auch zunehmend im bürgerlichen Recht erkannt: speziell zu § 113 BGB vgl. LG Frankenthal, Beschluß v. 14. 3. 1966, in: Betrieb 1966, 587, LG Düsseldorf, Beschluß v. 10. 3. 1966, in: Betrieb, a.a.O.; abweichend noch LG Frankfurt/M., Urteil v. 3. 5. 1963 in NJW 1963, 1361 f.: ‚Diese Tatsache ist im Volksbewußtsein noch nicht fest verankert.'

[7] Vgl. *Grebing*, S. 282.

[8] *Sinzheimer*, Arbeiterbewegung, S. 7.

[9] Vgl. oben S. 22 die parallele Entwicklung in der Zeit der Gesindeordnungen: der Gesindedienstvertrag empfing seinen wesentlichen Inhalt aus diesen öffentlich-rechtlichen Ordnungen.

[10] Im gleichen Sinne *Hoffmann*, S. 127 zu § 113 BGB; ebenso LG Frankenthal, a.a.O.

weit der Minderjährige bereits voll in das Arbeitsleben eingegliedert ist, gelten für ihn die kollektiv vereinbarten oder gesetzlich verankerten Mindestarbeitsbedingungen in gleicher Weise wie für die erwachsenen Arbeitnehmer; in der Regel gilt das erst für alle „herangewachsenen Jugendlichen" im Alter zwischen 18 und 19 Jahren, da nur ein kleiner Prozentsatz der Schulentlassenen sich sofort ungelernten Arbeitsverhältnissen zuwendet[11]. Der Abschluß des individuellen Arbeitsvertrages enthält im wesentlichen nur noch den Vollzug der unabdingbar festgelegten Arbeitsbedingungen; besondere Einzelvereinbarungen treten dabei in den Hintergrund[12]. Der heranwachsende, voll in das Erwerbsleben eingegliederte Minderjährige kann daher trotz seiner weiten rechtlichen Selbständigkeit, welche ihm § 113 BGB gewährt, nicht mehr so stark übervorteilt werden.

d) Der verstärkte Einfluß der Arbeiterschaft auf die Gestaltung der Arbeitsbedingungen hat aber nicht nur die Stellung der Minderjährigen verändert, die schon im Arbeitsleben der Erwachsenen stehen, sondern auch das Verhältnis jener, die man die heranwachsende Jugend nennt: Sie sind noch nicht so intensiv am Erwerbsleben beteiligt, ihre Berührung mit der Arbeitswelt der Erwachsenen wird weitgehend von der Vorbereitung darauf, der Erlernung eines Berufes, der Ausbildung bestimmt.

aa) Aus ihrer andersartigen Stellung zum Arbeitsleben ist auch die besondere Entwicklung ihrer Beziehungen zur Gewerkschaftsbewegung zu verstehen.

Die heranwachsende Jugend war an der Gewerkschaftsbewegung nicht aktiv beteiligt. Ein kollektives Vorgehen von Lehrlingen und Anlernlingen zur Besserung der Arbeits- und Ausbildungsbedingungen bildete die Ausnahme[13], auch wenn die proletarische Jugendbewegung sich dieses u. a. zum Ziel gesetzt hatte[14]. Von dieser heranwachsenden Jugend, den

---

[11] Vgl. dazu Näheres unten S. 75 f.
[12] Im gleichen Sinne *Fahrtmann*, S. 1983; ebenso *Hoffmann*, a.a.O.; LG Frankenthal, Beschluß v. 14. 3. 1966, in: Betrieb 1966, S. 587; LG Düsseldorf, Beschluß vom 10. 3. 1966, in: Der Betrieb, a.a.O.; dies hatte auch schon *Schmidt* im Jahre 1919 vorausgesehen, S. 78.
[13] Vgl. z. B. Streik der Berliner „Rollmöpse" aus dem Jahre 1909; die 14- bis 16-jährigen, die im Berliner Speditionswesen beschäftigt waren, forderten ihre Einbeziehung in den Tarif der Speditionsarbeiter; vgl. dazu *Kuczynski*, S. 320; vgl. auch Streik der Braunschweiger Jugend im ersten Weltkrieg gegen die „Sparzwangserlasse": Danach durften die Minderjährigen nur über einen Teil ihres Arbeitslohnes verfügen und mußten den Rest zwangsweise sparen; vgl. dazu eingehend *Korn*, S. 304, sowie *Schwand*, Soz. Prax. 1917, S. 97; vgl. auch Streik der „Theaterkinder" von Kiel: 30 Kinder, die bei der Aufführung von Aschenbrödel mitwirkten, hatten ihr Spielgeld nicht erhalten; sie konnten mit Schokolade zum Weiterspielen überredet werden, Soz. Prax. 1909, S. 376.
[14] Vgl. *Korn*, S. 32 f. zur Entstehung und den Zielen des „Vereins der Lehrlinge und jugendlichen Arbeiter zu Berlin" im Jahre 1904.

14- bis 18jährigen, die von der konservativen Presse als „Säuglinge" bezeichnet wurden[15], gingen keine nachhaltigen Einflüsse zur Besserung der Arbeitsbedingungen aus. Da diese Jugendlichen in der Regel noch unverheiratet waren und keine Familie zu ernähren hatten, waren sie auch nicht so großer, wirtschaftlicher Not und Belastung ausgesetzt, daß sie für die politischen Wirtschaftskämpfe volles Verständnis entwickeln konnten[16]. Sie waren auch körperlich und geistig noch nicht so weit entwickelt, um eine wirkungsvolle Rolle im politischen Leben spielen zu können[17]. Diese Jugendlichen zeigten nur geringes politisches Interesse, eine Erscheinung, die auch heute noch gilt[18]. Die heranwachsende Jugend bedurfte der Mithilfe, der Unterstützung durch die erwachsene Arbeiterschaft, um ihre Arbeitsbedingungen zu verbessern.

bb) Dies geschah jedoch nicht schon in den Anfängen der Gewerkschaftsbewegung im ausgehenden 19. Jahrhundert, sondern bewußt erst zur Zeit der Weimarer Republik, als die Gewerkschaftsbewegung sich konsolidiert hatte. Vorher hatten die Gewerkschaften wenig Interesse an der Verbesserung der besonderen Arbeitsbedingungen der Jugendlichen gezeigt, hatte auch eine Jugendfrage in den Parteien noch nicht existiert[19]. In den Anfängen der Gewerkschaftsbewegung stand die Erhaltung und Stärkung ihrer Existenz noch zu sehr im Mittelpunkt der Anstrengungen. Sie war dazu auf die Hilfe aller aktiven, im Notfalle streikbereiten Mitglieder angewiesen. Mit Jugendlichen konnte man aber noch nicht ernsthaft streiken[20].

Hinzu kam, daß der Kampf um die Besserung ihrer Arbeitsbedingungen, das Erstreben kürzerer Arbeitszeiten und eines Urlaubs eine Beschränkung des Arbeitslohnes mit sich brachten, die von den Eltern der Jugendlichen sowie ihnen selbst nur ungern in Kauf genommen wurde[21]. Der Kampf mußte auf zwei Fronten ausgetragen werden, gegen die Eltern und gegen die Unternehmer. Die Einsicht, daß die heranwachsende Jugend den Erwachsenen eine gefährliche Konkurrenz bereitete, war zwar durchaus früh vorhanden gewesen, nur hatten sich die Gewerkschaften und die ihnen nahestehenden Organisationen gescheut, diesen

---

[15] Vgl. dazu *Korn*, S. 101.
[16] Im gleichen Sinne *Franzen-Hellersberg*, S. 21, ein Klassenbewußtsein konnte sich bei ihnen noch nicht bilden, so aber einseitig *Kuczynski*, S. 397.
[17] So mit Recht auch *Korn*, S. 280 ff.
[18] Vgl. dazu *Lohmar*, S. 261; ebenfalls *Sohn*, S. 24, 78, aufgrund einer Umfrage unter Schulentlassenen über ihr Verhältnis zu den Gewerkschaften; sie fanden noch kein rechtes Verständnis dafür.
[19] *Korn*, S. 6.
[20] Dieser Standpunkt wurde noch auf dem Hamburger Gewerkschaftskongreß im Jahre 1908 vertreten. Vgl. *Maschke*, Jugendbewegung, S. 881.
[21] So mit Recht auch *Müller*, S. 254.

Kampf gegen ihre eigenen Mitglieder zu führen[22]. Erst als sich die Gewerkschaftsbewegung konsolidiert hatte, die Lage der erwachsenen Arbeitnehmer verbessert worden war, konnten in den Randgebieten des Arbeitslebens die dort herrschenden Arbeitsbedingungen verbessert werden. So erhielt die Jugend die Mithilfe und Führung im Kampf um verbesserte Arbeitsbedingungen erst in der Zeit der Weimarer Republik.

cc) Am deutlichsten äußerte sich die Unterstützung im Bemühen um die tarifliche Regelung des Lehrlingswesens, das die zwanziger Jahre beherrschte und damit endete, daß der größte Teil der Lehrverhältnisse kollektiv geregelt wurde[23].

Das Lehrverhältnis, das in seiner ursprünglichen Form ein Ausbildungsverhältnis gewesen war und wie das Gesindeverhältnis überwiegend patriarchalische Züge aufgewiesen hatte, hatte sich im Zeitalter der Industrialisierung im Handel und in der Industrie in derselben Auflösung befunden[24], wie dies auch schon für das Gesindeverhältnis beschrieben wurde. Das Eindringen der Technik in die Fertigungsweisen, die fortschreitende Arbeitsteilung und Spezialisierung vieler Betriebe auf die Herstellung von Einzelteilen[25] beengten die vielseitige Erlernung eines Gewerbes. Der Ausbildungscharakter ging verloren, und das Maß der zu erlernenden Fähigkeiten wurde gleichgültig[26], die Lehrlingszüchterei trat in der Vordergrund[27]. Der Lehrling sank zu einem einfachen, einseitig und mangelhaft ausgebildeten Arbeiter herab, auf dessen intensive Ausnutzung das einzige Interesse des Unternehmers, besonders im Kleingewerbe, ausgerichtet war. Der Lehrling war nicht mehr als ein schlecht bezahlter Handlungsgehilfe[28]; er war aufgrund der tatsächlichen Verhältnisse ein Arbeitnehmer, der zu seiner Ausbildung beschäftigt wurde[29], wobei die Ausbildung oft zu kurz kam.

So versuchten die Gewerkschaften die Arbeitsbedingungen der Lehrlinge, ihre Entlohnung, ihre Arbeitszeit und ihren Urlaub gegen große Widerstände der Unternehmer in die kollektiven Vereinbarungen einzubeziehen. Die intensive Ausnutzung der Arbeitskraft der Lehrlinge bestärkte sie nur noch in der Überzeugung, daß ihre Arbeitsverhältnisse auch kollektiv zu regeln waren. Dieses wurde ihnen allerdings in den

---

[22] Diese Problematik wurde besonders deutlich im Kampf um die Beseitigung der Kinderarbeit. Vgl. dazu eingehend *Bierer*, S. 114; ebenso *Coudres*, S. 58.
[23] Vgl. dazu die Tarifstatistik, zusammengefaßt mitgeteilt bei *Maschke*, Erwerbsarbeit, S. 184.
[24] Vgl. dazu *Luppe*, S. 182 f.
[25] Vgl. auch *Schindler*, S. 7.
[26] *Dahrendorf*, S. 61.
[27] So *Kimml*, S. 442.
[28] So auch *Gordan* zu § 112 BGB, S. 18.
[29] *Sinzheimer*, Grundzüge, S. 41.

zwanziger Jahren lange Zeit mit dem Argument streitig gemacht, daß das Lehrverhältnis ein Erziehungsverhältnis und kein Arbeitsverhältnis sei[30].

In gewisser Weise war dieser Einwand auch berechtigt, denn das Lehrverhältnis enthielt Elemente, die von den Tarifpartnern nicht entsprechend ihrem jeweiligen Kräfteverhältnis im Wirtschaftsleben zu regeln und besser aus dem Arbeitskampf herauszuhalten waren. Wenn z. B. Tarifverträge neben der Höhe der Entlohnung sowie der Länge der Arbeitszeit auch Bestimmungen über die Eignung des Lehrherrn[31], die Beschränkung der Lehrstellen[32] enthielten, so berührten sie damit Fragen, deren sachgerechte Lösung eigentlich nur von den berufsständischen Organisationen, den Industrie-, Handels- und Handwerkskammern erwartet werden konnte. Da diese Organisationen jedoch versagt hatten, war es durchaus gerechtfertigt, wenn sich die Gewerkschaften dieser Fragen angenommen hatten.

So war der Kampf um die tarifliche Regelung des Lehrlingswesens in den zwanziger Jahren in rechtlicher Hinsicht von der Streitfrage beherrscht, ob das Lehrverhältnis als ein Arbeitsverhältnis im Sinne des § 1 der oben genannten Tarifvertragsordnung vom 23. 12. 1918[33] anzusehen war. Angesichts der dargestellten Entwicklung, in der sich das Lehrlingswesen befunden hatte, war auch in der Praxis die Auffassung weit verbreitet, daß der Lehrling in großen Bereichen wie ein Arbeiter zu behandeln war. Dies war auch in einer Reihe von Gesetzen zum Ausdruck gekommen[34]. So fand die von den Gewerkschaften erkämpfte Einbeziehung der Lehrverhältnisse in die kollektiven Regelungen[35] gegen Ende der zwanziger Jahre ihre rechtliche Anerkennung in einer Reihe höchstrichterlicher Entscheidungen. Die normative Kraft des Faktischen hatte damit eine Änderung der Rechtsordnung erzwungen. Das Reichsarbeitsgericht begründete die in der Praxis weit durchgeführte, kollektive Regelung der Lehrverhältnisse mit der Formulierung, daß das Lehrverhältnis seinen Charakter als Lehrvertrag (Ausbildungsvertrag) behalten habe, daneben aber gleichzeitig Elemente des Arbeitsvertrages enthalte und daher auch einer kollektiven Regelung im Sinne des § 1 Tarifvertragsverordnung fähig sei[36].

---

[30] So auch besonders von den Organisationen der Handwerker; vgl. Gutachten v. 13. 2. 1928, in DHBl. S. 128.
[31] Vgl. in Mitteilungen, S. 224.
[32] Vgl. Mitteilungen, S. 225 f.
[33] Vgl. oben S. 61.
[34] Vgl. Übersicht bei *Landmann-Rohmer*, § 126, S. 261.
[35] Über den Umfang der tariflichen Sonderregelungen für Jugendliche vgl. *Mewes*, S. 90 ff., aufgrund einer Erhebung aus dem Jahre 1927.
[36] Vgl. für das Baugewerbe RAG Urteil v. 14. 3. 1928 in RAG 1, 313; Urteil v. 4. 7. 1928 in RAG 2, 101; Urteil v. 13. 2. 1929 in RAG 3, 221; vgl. weitere Nachweise für andere Gewerbezweige bei *Landmann-Rohmer*, a.a.O.

Damit hatte die Gewerkschaftsbewegung, die zu ihrer eigenen Festigung ein knappes halbes Jahrhundert benötigt hatte, in weniger als einem Jahrzehnt die kollektive Regelung eines Randgebietes des Arbeitslebens, das der zukünftigen Arbeitnehmer, der Ausbildungs- und Arbeitstätigkeit der heranwachsenden Jugend erreicht. Die Ansicht, daß das Lehrverhältnis in weiten Bereichen wie ein Arbeitsverhältnis kollektiv geregelt werden kann, findet auch in der Gegenwart allgemeine Zustimmung[37].

dd) Für den noch in der Ausbildung befindlichen Jugendlichen folgte aus dieser Entwicklung, daß alle arbeitsvertraglichen Elemente des Lehrverhältnisses, die Arbeitszeit, das Entgelt, der Urlaub — soweit sie nicht schon gesetzlich geregelt waren — von wirtschaftlich gleichstarken Partnern kollektiv ausgehandelt wurden. Eine unübersehbare Fülle von Tarifverträgen und Betriebsvereinbarungen hat diese Seite des Ausbildungsverhältnisses den stetig fortgeschrittenen wirtschaftlichen und sozialen Verhältnissen angepaßt.

Die Einzelvereinbarung hat daher auch für den noch in der Ausbildung befindlichen Jugendlichen ihre ursprüngliche Bedeutung verloren. Sie dient in allen wichtigen Bedingungen nur noch zur Konkretisierung der bereits festliegenden vereinbarten Abmachungen. Die ursprüngliche Bedeutung des § 113 BGB, die für den Unternehmer in der leichteren Übervorteilung der minderjährigen, unerfahrenen Jugendlichen in Einzelabreden bestand, ist dadurch in großem Umfang in den Hintergrund getreten. Anschließend an Mengers Kritik zu § 113 BGB kann gesagt werden, daß die kollektive Arbeiterschaft weit wirksamer, als das Vormundschaftsgericht es jemals hätte erreichen können, die Aufgabe übernommen hat, für gerechte Arbeitsbedingungen der jugendlichen Arbeitnehmer zu sorgen.

3. Einschränkung der Arbeitstätigkeit von Minderjährigen

Die ursprüngliche Bedeutung des § 113 BGB ist nicht nur durch die kollektive Regelung der Arbeitsbedingungen erheblich gemindert worden, die Vorschrift hat auch aufgrund einer anderen, zwangsläufig wirkenden Entwicklung ihre ursprüngliche Bedeutung eingebüßt: Die Zahl der minderjährigen Arbeitnehmer ist zurückgegangen.

a) Die Kinder sind aus dem Arbeitsprozeß ausgeschieden, ein Ergebnis, das noch aus der Sicht der Jahrhundertwende nach einer Bemerkung von Konrad Agahd als ein nicht erreichbares Ideal angesehen wurde[38]. Dieser

---

[37] Vgl. z. B. *Hueck-Nipperdey-Tophoven*, § 1 Bem. 63; *Nikisch* I, § 55, S. 871 Anm. 4.
[38] In *Agahd*, Kinderarbeit, S. 3.

Prozeß läßt sich äußerlich in den einschlägigen Schutzgesetzen zur Kinderarbeit seit der Jahrhundertwende nachzeichnen.

aa) Während im „Gesetz betreffend Kinderarbeit in gewerblichen Betrieben" vom 30. März 1903[39] Kindern, d. h. Knaben und Mädchen unter 13 Jahren und allen darüber hinaus noch Volksschulpflichtigen, grundsätzlich jede gewerbliche Beschäftigung gestattet war, lediglich für gewisse Gewerbezweige (Ziegeleien, Gruben usw.) Beschäftigungsverbote ausgesprochen waren und im übrigen nur Beschränkungen für die Beschäftigung von fremden und mit Abschwächungen für eigene Kinder bestanden (Verbot der Nachtarbeit, Sonntagsarbeit), stand das „Gesetz über Kinderarbeit und die Arbeitszeit der Jugendlichen (Jugendschutzgesetz)" vom 30. April 1938[40] schon auf einem anderen Grundsatz: Die Kinderarbeit war für alle Kinder, ohne Unterschied, ob eigene oder fremde, grundsätzlich verboten, § 4 JugSchG. Soweit sie noch gestattet war, bildetete sie bereits die Ausnahme, dies allerdings noch in großen Bereichen, in der Hauswirtschaft, Landwirtschaft usw. Gerade dieser ausgesperrte Bereich wurde dann durch das „Gesetz zum Schutze der arbeitenden Jugend (Jugendarbeitsschutzgesetz)" vom 9. August 1960[41] erfaßt. So sind heute alle Personen, die noch volksschulpflichtig sind oder das 14. Lebensjahr noch nicht vollendet haben, von einem generellen Verbot jeder Kinderarbeit betroffen, § 2 Abs. 1 JugArbSchG.

bb) Die Folge dieser Vorschriften kennzeichnet den rechtsgeschichtlichen Weg zum heutigen, generellen Verbot jeder Kinderarbeit. Dem Einfluß dieser Vorschriften ist die sozialgeschichtliche Entwicklung, die Ausgliederung der Kinder aus dem Erwerbsleben, aber keineswegs zuzuschreiben. Man würde Ursache und Wirkung verkennen, wollte man diese Entwicklung lediglich mit dem Einfluß der Gesetze begründen. Diese bildeten im großen und ganzen nur den rechtlichen Ausdruck der bereits vollzogenen, wirtschaftlichen und sozialen Wandlungen, die langsam und allmählich auf eine Herauslösung der Kinder aus dem Erwerbsleben drängten. Insoweit stellten sie nur das Bekenntnis des Staates zum Kinderschutzgedanken dar[42], soweit es durch die tatsächlichen Verhältnisse gerechtfertigt war.

Es waren nicht vor allem humanitäre Gründe gewesen, die den Ausschlag zur gesetzlichen Beseitigung der Kinderarbeit gegeben hatten[43]. Eine Betrachtung der tatsächlichen Entwicklung in den einschlägigen

---

[39] RGBl. S. 113.
[40] RGBl. S. 437.
[41] BGBl. S. 665.
[42] Im gleichen Sinne *Agahd-Schulz*, Vorwort zur 1. Aufl., III zur Bedeutung des Kinderschutzgesetzes von 1903.
[43] So aber z. B. *Herkner* I, S. 80.

3. Einschränkung der Arbeitstätigkeit von Minderjährigen

Darstellungen[44] zeigt vielmehr, daß der Kinderschutzgedanke lediglich in den durch die wirtschaftlichen und sozialen Verhältnisse gezogenen Grenzen Verbreitung hat finden können[45]. Diese Verhältnisse waren einmal von der wirtschaftlichen Not der kinderreichen Arbeiterfamilien beherrscht, zum anderen von der durch Egoismus und Druck der Konkurrenz erzwungenen Nachfrage der Unternehmer nach billigen, ungelernten Arbeitskräften. Beide Bedürfnisse haben die Verbreitung der Kinderarbeit im wesentlichen bestimmt und keine der gesellschaftlichen Kräfte hat sich dagegen erfolgreich wehren können: Weder die Lehrerschaft zur Zeit der Jahrhundertwende unter Anführung Konrad Agahds aus humanitären Gründen[46] noch der preußische Staat im Jahre 1839, der, um die Wehrkraft seiner Untertanen besorgt[47], das erste deutsche Schutzgesetz auf diesem Gebiet, das „Regulativ über die Beschäftigung jugendlicher Arbeiter in Fabriken vom 9. 3. 1839", erlassen hatte, und auch nicht die Machthaber des Dritten Reiches, die aus ähnlichen Motiven fast hundert Jahre später das Jugendschutzgesetz erließen[48].

Die örtlichen Staatsbehörden hatten vielfach die Kinderarbeit als kleineres Übel der Erhöhung der Armenlast vorgezogen[49]. Die Unternehmer und Eltern hatten nur wenig Interesse an der Beschränkung der Kinderarbeit gezeigt, da sie die einen um die billige Arbeitskraft, die anderen um die finanzielle Unterstützung brachte. Die Kinder konnten selbst keinen Widerstand leisten, da sie weder geistig noch körperlich in der Lage waren, ihre Situation zu erkennen und daraus die erforderlichen Folgen zu ziehen. Das „Jahrhundert des Kindes" konnte kein Werk der Kinder werden, wie es Lilly Braun in ihrem Appell an die Kinder gefordert hatte[50]. Auch die organisierte Arbeiterschaft war nicht ernsthaft für die Einschränkung der Kinderarbeit eingetreten[51], sie fürchtete zu sehr die Zahl ihrer Gegner in den eigenen Reihen zu vermehren[52]. Die be-

---

[44] Es sei dazu allgemein auf die Darstellungen von *Simon, Agahd, Miesner* und *Bierer* hingewiesen.
[45] So mit Recht *Miessner*, S. 62.
[46] Die Lehrerschaft hatte das größte Verdienst am Zustandekommen des Kinderschutzgesetzes von 1903, so *Müller-Meiningen*, Reichstag, Sten.Ber., 10. Legisl.-Per., 2. Session, 1900/1903, S. 5031.
[47] Vgl. Kabinettsordre des Preußischen Königs vom 12. 5. 1828 an die Staatsminister Altenstein und Schuckmann, mitgeteilt bei *Maaß*, S. 102; vgl. auch allgemein zur Entstehung des Regulativs *Anton*.
[48] Vgl. z. B. *Wallis*, S. 9 zu den „Anforderungen der Wehrmacht".
[49] Vgl. Edgar *Hoffmann*, S. 23; im gleichen Sinne auch *Anton*, S. 51, 93 für das 19. Jahrhundert.
[50] *Braun*, S. 28.
[51] Die Arbeiterklasse hat sich nicht die Einschränkung der Kinderarbeit erkämpft; so aber — einseitig — *Schüller*, S. 8; vgl. dazu *Miessner*, S. 49.
[52] Vgl. Nachweise bei *Bierer*, S. 114, über die Reaktion der Arbeiter auf Versuche der Kinderschutzkommissionen, Kinderarbeit zu bekämpfen.

wußte und konsequente Bekämpfung der Kinderarbeit war zu allen Zeiten ein „Stiefkind" geblieben[53].

Die Tatsache, daß Recht und Macht einander komplementäre Begriffe sind, daß das Recht ohne Macht nicht existieren, geschweige denn entstehen kann[54], bestätigte sich auch in der langen Zeit der rechtlosen Lage der Kinder im Arbeitsleben: Sie waren auf Unterstützung angewiesen, die sie aber von keiner der gesellschaftlich mächtigen Kräfte ernsthaft erhalten haben. Ihr Ausscheiden aus dem Arbeitsleben war im großen und ganzen gesehen nur das Ergebnis einer langsamen, stetig fortschreitenden Entwicklung gewesen.

Heute ist die wirtschaftliche Not der „besitzlosen Volksklassen", wie sie zur Zeit der Jahrhundertwende noch weit verbreitet war, beseitigt. Die Zeiten, in denen Kinder das einzige „Kapital" der Familie darstellten, das zur Behebung von existenzbedrohenden Notständen frühzeitig „Zinsen" zu erbringen hatte, gehören der Vergangenheit an. Die Arbeiterschaft hat sich bessere Arbeitsbedingungen, höhere Löhne erkämpft, die zum notwendigen Unterhalt einer Familie ausreichen. Des weiteren hat der Staat zur Lösung der sozialen Frage ein so umfangreiches System von Sicherungen gegen Krankheit, Invalidität und Alter sowie Arbeitslosigkeit geschaffen, daß zwar Kinder auch in Ausnahmefällen nicht mehr als „Versicherung gegen Arbeitslosigkeit und Krankheit"[55] in dringenden, wirtschaftlichen Notfällen einspringen müssen. Es darf jedoch nicht übersehen werden, daß die echte wirtschaftliche Not als Ursache der frühen Beteiligung der Kinder am Erwerbsleben ausgeschieden ist, an ihre Stelle aber vielfach in der modernen Konsumwirtschaft das Streben nach Erhöhung des Lebensstandards und des damit verbundenen „Prestiges" getreten ist, welches die Kinder mit ihrem Arbeitslohn unterstützen müssen. So ist es auch zu verstehen, daß heute noch in vielen Arbeiterfamilien „Bildungshorizont und Bildungsfreundlichkeit nicht bis zur Bereitschaft zur Konsumaskese im Interesse einer höheren Schulbildung" reichen[56]. Wenn die Kinder dieser Familien trotzdem später als zur Zeit der Jahrhundertwende in das Erwerbsleben treten und vorher eine Ausbildung erhalten, so ist dies eher dem Einfluß der Technik zuzuschreiben.

Die zunehmende Technisierung des Arbeitslebens, die fortschreitende Mechanisierung und Automatisierung der Fertigungsprozesse ist ein steter Wegbereiter des Kinderarbeitsschutzgedankens gewesen[57]. Kinder

---

[53] *Coudres*, S. 36.
[54] Vgl. dazu *Hirsch*, S. 4.
[55] So *Caplow*, S. 235.
[56] So *Scharmann*, S. 158.
[57] Vgl. allgemein zur Entwicklung im 19. Jahrhundert die Darstellung von *Ludwig*.

3. Einschränkung der Arbeitstätigkeit von Minderjährigen

sind, abgesehen von der extensiven Phase der ersten industriellen Revolution, in der die Ausbeutung so stark gewesen war, daß z. B. das rheinische Gebiet nicht mehr imstande war, das ihm entsprechende Truppenkontingent zu stellen[58], den körperlichen und geistigen Anforderungen der modernen Arbeitswelt nicht mehr gewachsen; die unrationellen Formen der Ausbeutung, wie sie auch die Kinderarbeit darstellte, haben an Bedeutung verloren, da inzwischen die Ergiebigkeit der Arbeitsleistung in den Vordergrund getreten ist. Mit der Umstellung von der extensiven auf die intensive Produktionssteigerung wurden daher vor allem aus rein wirtschaftlichen Erwägungen Kinder nicht mehr beschäftigt[59]. Die komplizierten wertvollen Maschinen wurden ihnen nicht mehr anvertraut, eine Entwicklung, die sich bis in die Gegenwart hinein in der Landwirtschaft beobachten läßt[60]. Hier ist mit dem Einzug der Technik die Kinderarbeit erst in jüngster Zeit weitgehend beseitigt worden; diese Entwicklung hat daher auch erst in den letzten Jahren ihren rechtlichen Ausdruck im Jugendarbeitsschutzgesetz von 1960 erhalten, das als erstes Gesetz auch für die Landwirtschaft die Kinderarbeit generell verboten hat.

Angesichts dieser Entwicklung ist eine neue Auffassung von der Bedeutung des Kindheitsstadiums herangewachsen. Kinder werden nicht mehr von Lebensordnungen und sozialen Verhältnissen verstanden, in die sie früher gänzlich und unauffällig eingegliedert waren[61], sie werden nicht mehr wie Erwachsene behandelt, die nach ihren Kräften und Fähigkeiten schon am Erwerbsleben der Erwachsenen teilnehmen können und die vor „Müßiggang" bewahrt werden müssen[62]. Der Eigenwert des Kindheitsstadiums, in dem das Kind gepflegt und erzogen werden muß, ist in den Vordergrund getreten. In der frühen Teilnahme am Erwerbsleben wird heute — im Gegensatz noch zur Zeit der Jahrhundertwende — kein Segen[63] oder gar erzieherischer Wert[64] mehr gesehen. Die Kinder gehören in die Schule, die ihre einzige Arbeitswelt darstellt[65]. Das „Jahrhundert des Kindes" ist in der zweiten Hälfte des

---

[58] Vgl. *Michel*, S. 85.
[59] *Dahrendorf*, S. 66.
[60] Vgl. dazu *Tschirschky und Bögendorff*, S. 59 ff. und 73 ff.
[61] *Flitner* und *Hornstein*, S. 323.
[62] So noch Kommissionsbericht betreffend Abänderung der GewO, Reichstag, Sten.Ber., 8. Legisl.Per., 1. Session, 1890/91, Anlagen, S. 1467, zu den „Gefahren des Müßigganges und der Beschäftigungslosigkeit".
[63] So Rundschreiben des Reichskanzlers an die Bundesregierung, mitgeteilt bei *Agahd*, Kinderarbeit, S. 197.
[64] So noch Kommissionsbericht betreffend Entwurf eines Gesetzes der Kinderarbeit in gewerblichen Betrieben, Reichstag, Sten. Ber., 10. Legisl.Per., 1. Session, 1900/03, Anlagen, S. 5223.
[65] Vgl. dazu die Ergebnisse der Untersuchung von *Tschirschky und Bögendorff*, S. 77.

20. Jahrhunderts auch für Kinder der „minderbemittelten Volksklasse" angebrochen.

b) In engem Zusammenhang mit jener Entwicklung, welche auf die Verdrängung der Kinder aus dem Arbeitsleben hinwirkte, hat sich auch die jugendliche Arbeitstätigkeit sowohl zeitlich als auch sachlich beschränkt. Dieser Vorgang läßt sich anhand der zahlreichen, seit der Jahrhundertwende erlassenen Bestimmungen verfolgen, die sich speziell mit der Stellung des Jugendlichen zum Arbeitsleben befassen.

aa) Zu diesen Gesetzen zählen das bereits erwähnte

— „Gesetz betreffend Kinderarbeit in den gewerblichen Betrieben" vom 30. März 1903[66],
— die Novelle zur Gewerbeordnung vom 28. Dezember 1908[67],
— die Demobilmachungsverordnungen zur Arbeitszeit der gewerblichen Arbeiter vom 23. November und 17. Dezember 1918[68], die den Achtstundentag einführte,
— die Arbeitszeitordnung vom 26. Juli 1934[69] und die erste zusammenfassende, übersichtliche Neuregelung des schon zitierten
— „Gesetz über die Kinderarbeit und die Arbeitszeit der Jugendlichen (Jugendschutzgesetz)" vom 30. April 1938[70] und daran anschließend das
— „Gesetz zum Schutz der arbeitenden Jugend (Jugendarbeitsschutzgesetz)" vom 9. August 1960[71].

bb) Zahlreiche Gründe haben die gegenwärtige rechtliche Sonderstellung der Jugendlichen im Arbeitsleben erzwungen. Wenn diese Entwicklung noch nicht abgeschlossen ist, ihre Ursachen daher nicht so deutlich zu erkennen sind, wie es bei der Herauslösung der Kinder aus dem Erwerbsleben der Fall war, so läßt sich doch schon folgendes feststellen: Es ist die technische Entwicklung gewesen, die nicht nur ein steter Wegbereiter des Kinderschutzgedankens gewesen ist, sondern auch den verstärkten Schutz der heranwachsenden Jugend im Arbeitsleben erzwungen hat. Die schulentlassenen Jugendlichen sind den Gefahren und Anstrengungen des Arbeitslebens noch nicht gewachsen. Der Eintritt ihrer Berufsreife, ihr körperlich-seelischer Entwicklungsgang, d. h. ihr Maß

---

[66] Vgl. oben S. 68.
[67] RGBl. S. 667.
[68] RGBl. S. 1334/1436.
[69] RGBl. S. 803.
[70] Vgl. oben S. 68.
[71] Vgl. oben S. 68.

3. Einschränkung der Arbeitstätigkeit von Minderjährigen

an Grundeinsichten, Bildung und Reife sowie ihre Haltung gegenüber den Gefahren der Arbeit[72] hat sich verschoben[73].

War noch zur Zeit der Abfassung des Preußischen Regulativs, in der ersten Hälfte des 19. Jahrhunderts, das 16. Lebensjahr als obere Zeitgrenze angesehen worden, mit dessem Erreichen die „physische Pubertät und damit auch die Reife zu größerer, körperlicher Anstrengung eintrat"[74], so hat sich im Zuge der Mechanisierung und Rationalisierung der Schwerpunkt der Arbeitsanforderungen von der motorisch-manuellen auf die geistig-konzentrative Seite hin verlagert[75]. Der Eintritt der Berufsreife ist damit hinausgeschoben worden. Im Einklang mit dieser Entwicklung hat die gegenwärtige Forschung zur Berufsreife in der industriellen Arbeitswelt in großer Einhelligkeit festgestellt, daß die schulentlassenen Jugendlichen im Alter von 14 bis 15 Jahren noch nicht berufsreif sind[76]. Sie erreichen erst mit dem 17. oder 18. Lebensjahr einen Entwicklungsgrad, in dem sie den Mindestanforderungen des Arbeitslebens überhaupt gewachsen sind[77]. Aus diesem Grunde konnten die zahlreichen Bestimmungen des gegenwärtigen Jugendarbeitsschutzgesetzes in Kraft treten und dem Jugendlichen bis zum vollendeten 18. Lebensjahr eine Sonderzustellung zuweisen. Ihre Arbeitstätigkeit ist daher bis zur Erreichung des 18. Lebensjahres unter einen besonderen Schutz gestellt worden, erst vereinzelt für bestimmte Berufskreise und beschränkt auf Jugendliche bis zum 16. Lebensjahr in Fabriken, dann für alle Wirtschaftsbereiche und alle Jugendlichen ohne Unterschied bis zum vollendeten 18. Lebensjahr[78]. So sind heute alle Personen, die das 18. Lebensjahr noch nicht vollendet haben, in den Schutzbereich des Gesetzes einbezogen, § 2 Abs. 2 JugArbSchG.

cc) Da die Jugendlichen aufgrund ihrer geistigen und körperlichen Entwicklung noch nicht voll in das Arbeitsleben der Erwachsenen eingegliedert werden können, da sie nicht nur zur Wiederherstellung ihrer Arbeitskraft, sondern auch für Wachstum und Reife zusätzliche Ruhe benötigen[79], ist ihre Sonderstellung im Jugendarbeitsschutzgesetz im wesentlichen durch einen Zeitschutz gekennzeichnet.

---

[72] Vgl. *Pense* zur Definition der Berufsreife, S. 61, sowie eingehend dazu *Bornemann*, S. 7.
[73] *Furck*, S. 60.
[74] Vgl. dazu *Anton*, S. 47.
[75] *Scharmann*, S. 185.
[76] So *Furck*, a.a.O.
[77] Vgl. dazu *Blücher*, S. 35, sowie *Scharmann*, S. 184 f., 212 m. w. Nachw.
[78] Vgl. allg. dazu die rechtsgeschichtliche Darstellung dieser Entwicklung bei *Edgar Hoffmann*.
[79] So Begründung zum Entwurf des JugArbSchG, Deutscher Bundestag, 3. Wahlperiode, Drucks. 317, S. 23.

III. Bedeutungswandel der Vorschrift in der industriellen Arbeitswelt

Während in den Anfängen des industriellen Zeitalters lediglich die körperliche Leistungsfähigkeit die Ausbeutung ihrer Arbeitskraft begrenzte, ist heute ein weitverzweigtes System von arbeitsrechtlichen Sondervorschriften eingeführt, das ihrem verstärkten Schutz im Arbeitsleben dient: Begrenzung der Arbeitszeit auf 40 Stunden in der Woche für Jugendliche unter 16 Jahre, für Jugendliche darüber 44 Stunden, § 10 JugArbSchG; besondere Arbeitspausen, § 14 JugArbSchG; Nachtarbeitsverbote, § 16 JugArbSchG; Verbot der Sonntagsarbeit, § 18 JugArbSchG und im Anschluß an § 21 des Jugendschutzgesetzes von 1938, der die erste gesetzliche Urlaubsregelung überhaupt in Deutschland enthalten hatte[80], § 19 JugArbSchG, der für Jugendliche einen Mindesturlaub von 24 Tagen festsetzt.

Daneben ist die Arbeit der Jugendlichen auch sachlichen Beschränkungen unterworfen. Arbeiten, die ihre körperlichen Kräfte überfordern, sowie intensive Arbeitsformen, wie Akkord- und Fließbandarbeit, sind verboten, § 37 JugArbSchG[81].

In den Vorschriften des gegenwärtigen Jugendarbeitsschutzgesetzes ist der Schutz der heranwachsenden Jugend wegen der zahlreichen Ausnahmebestimmungen noch nicht abschließend zu aller Zufriedenheit durchgeführt[82]. Die Sonderstellung des Jugendlichen im Arbeitsleben ist noch im Ausbau begriffen, wobei das 18. Lebensjahr nicht einmal die oberste Grenze des Schutzalters bildet[83]. Die Tendenz, welche dieser Entwicklung innewohnt, läßt sich schon erkennen. Das Verhältnis der heranwachsenden Jugend zum Arbeitsleben wird zunehmend von einem besonderen Schutz vor den Anstrengungen des Arbeitslebens und den Arbeitsformen der Erwachsenen gekennzeichnet.

dd) Für die rechtliche Selbständigkeit der heranwachsenden Minderjährigen im Arbeitsleben ergibt sich aus der gezeigten Entwicklung folgendes: Die Kinder sind völlig aus dem Erwerbsleben ausgeschieden[84]; § 113 BGB kann insoweit nicht mehr der rechtlichen Übervorteilung dienen. Aber auch für die schon mit dem Arbeitsleben in Berührung stehenden, heranwachsenden Jugendlichen kann die Vorschrift nicht mehr in ihrer ursprünglichen Bedeutung Anwendung finden, da

---

[80] *Natzel*, § 19 Anm. 1.

[81] Damit sind alle vom Reichsausschuß der deutschen Jugendverbände erhobenen Forderungen — vgl. *Mewes*, Vorwort III, IV — zu einem verstärkten Schutz des Jugendlichen im Arbeitsleben heute erfüllt.

[82] Vgl. z. B. Kritik von *Scharmann*, S. 254.

[83] Vgl. z. B. §§ 13 IV, 37 II und 53 I Nr. 2 JugArbSchG, in denen die Möglichkeit der Erweiterung des Schutzes bis auf das 21. Lebensjahr genannt wird.

[84] Das „Gesetzbuch der Arbeit" der Deutschen Demokratischen Republik, § 138 Abs. 1, läßt daher die „Arbeitsrechtsfähigkeit" nicht schon mit der Geburt, sondern erst mit dem vollendeten 14. Lebensjahr beginnen; gegen diesen Begriff kritisch *Mampel*, S. 201 f. m. w. Nachw.

3. Einschränkung der Arbeitstätigkeit von Minderjährigen

die im Jugendarbeitsschutzgesetz enthaltenen Mindestarbeitsbedingungen aufgrund der neuartigen Bestimmung des § 6 JugArbSchG Inhalt des einzelnen Arbeitsvertrages sind. Kraft dieser Bestimmung sind Vertragsinhalt u. a. Pflichten zur Einhaltung der Arbeitszeit, von Ruhepausen, der Nacht- und Sonntagsruhe, zur Zahlung der gesetzlich vorgesehenen Vergütungen sowie von Mehrarbeitsvergütungen und Sonntagszuschlägen, der Gewährung des Mindesturlaubs sowie Fürsorge- und Auskunftspflichten[85]. Das Arbeitsverhältnis empfängt seinen wesentlichen Inhalt aus einer Vielzahl von gesetzlichen Bestimmungen; der Vertragsschluß dient weitgehend nur noch der Konkretisierung der schon vorher feststehenden einzelnen Rechte und Pflichten. § 113 BGB, die darin formulierte Selbständigkeit des Minderjährigen zur freien Vereinbarung seiner Arbeitsbedingungen hat dadurch erheblich seine ursprüngliche Bedeutung verloren.

c) Auch eine andere Entwicklung hat zu diesem Ergebnis geführt. Nicht nur der Umfang der Jugendlichenarbeit hat abgenommen, sondern es hat sich auch die Art der Berührung der Jugendlichen mit dem Arbeitsleben gewandelt.

aa) Diese Entwicklung verdeutlicht einmal — neben dem seit länger zunehmenden Bestreben, weiterführende Schulen zu besuchen[86] — der wachsende Anteil der Jugendlichen, der nach der Schulentlassung, in der Regel mit dem 15. Lebensjahr, zunächst in ein Ausbildungsverhältnis, hauptsächlich Lehrverhältnis, tritt. Nach der Berufs- und Betriebszählung des Deutschen Reiches vom 12. Juni 1907 standen 43 % aller männlichen und 27 % aller weiblichen Jugendlichen unter 14 Jahren, 62 % aller männlichen und 27 % aller weiblichen Arbeiter zwischen 14 und 16 Jahren in einem Lehrverhältnis[87]. Inzwischen hat die Zahl der ungelernten jugendlichen Arbeiter, besonders der weiblichen, erheblich abgenommen. So sind z. B. nach der Volks- und Berufszählung vom 6. Juni 1961 in Berlin

— 73,1 % aller Jugendlichen unter 15 Jahren (männliche 79,4 %, weibliche 64,9 %);

— 68,6 % aller Jugendlichen zwischen 15 und 18 Jahren (männliche 75 %, weibliche 60 %);

— 22,4 % aller Jugendlichen zwischen 18 und 20 Jahren (männliche 28 %, weibliche 16 %)

---

[85] Vgl. dazu *Natzel*, § 6 Anm. 1, 2. Das JugArbSchG stellt eine zwingende gesetzlich-schuldrechtliche Ergänzung des vereinbarten Inhalts des jeweiligen Arbeitsverhältnisses dar. Vgl. auch *Riedel*, § 6 Rdn. 5.

[86] So Statistisches Bundesamt, S. 22.

[87] Entnommen der Statistik des Deutschen Reiches, Bd. 213, 1, S. 158; vgl. für die Zeit der Weimarer Republik *Mewes*, S. 38: 16 % der befragten männlichen und 49,5 % der weiblichen Jugendlichen waren ungelernte Arbeitskräfte.

im Erwerbsleben als Lehrlinge, Anlernlinge, Praktikanten und Volontäre beschäftigt gewesen[88]. Trotz sinkender Zahl der Schulentlassenen in jüngster Zeit hat der Umfang der in Ausbildungsverhältnissen stehenden Jugendlichen erheblich zugenommen[89]. Der ungelernte Jugendliche, der nach der Schulentlassung sofort in das Erwerbsleben tritt, bildet heute die Ausnahme. „Aus dem Proletarier ist ein Arbeiter geworden, der Wert darauf legt, sich nach Möglichkeit als Fach- oder Spezialarbeiter auszuweisen. Die Kinder der Arbeiter sollen es besser haben"[90] und eine qualifizierte, berufliche Ausbildung erhalten.

bb) Die veränderten Beziehungen der heranwachsenden Jugend zum Arbeitsleben können aber nicht allein im zahlenmäßigen Ansteigen der Ausbildungsverhältnisse erfaßt werden, denn der Lehrling war zur Zeit der Jahrhundertwende praktisch zum Arbeiter geworden[91]. Die Zahl derer, die damals eine Ausbildung tatsächlich erhalten hatten, war weit geringer gewesen. Mit Recht betont Ernst Hoffmann, daß die Lehrlingsstatistiken aus der Zeit der Jahrhundertwende mit erheblichen Fragezeichen zu versehen sind, da die unterschiedlichen Ansichten darüber, wann ein Lehrlingsverhältnis vorlag, eine Abgrenzung zu den ungelernten Berufsanfängern kaum zuließen[92]. Das Lehrverhältnis hat sich jedoch in der Folgezeit erheblich verändert; der Gedanke der Ausbildung ist wegen der gestiegenen Anforderungen stärker in den Vordergrund getreten; das Ausbildungsniveau ist gestiegen, es haben sich neue Formen der Ausbildung entwickelt, die Anlernung, die Ausbildung in Lehrwerkstätten und Lehrecken. Das hat zu einer verstärkten Absonderung des Jugendlichen vom Arbeitsprozeß, zur Förderung der Ausbildung geführt.

Dieser Prozeß ist noch nicht abgeschlossen. Das läßt schon die gegenwärtige zersplitterte gesetzliche Regelung der Ausbildungsverhältnisse in der Gewerbeordnung in den §§ 126 ff., in der Handwerksordnung in den §§ 17 ff. und im Handelsgesetzbuch in den §§ 76 ff. erkennen. Noch fehlt eine umfassende, in sich geschlossene Regelung aller Ausbildungsverhältnisse, wie sie z. B. im Jugendarbeitsschutzgesetz unter den Gesichtspunkt des Arbeitsschutzes bereits verwirklicht worden ist. Mehrere Versuche dazu sind in den Ansätzen stecken geblieben[93]. Dennoch läßt sich

---

[88] Entnommen dem Statistischen Jahrbuch 1966, S. 44.
[89] Vgl. *Furck*, S. 57 f., 60, 70; *Scharmann*, S. 159, 165 f.; *Lempert*, S. 340 ff. mit stat. Nachw.; vgl. auch die stat. Nachw. bei *Ernst Hoffmann*, S. 30 und *Stemme* und *Ernst Hoffmann*, S. 9 aufgrund der jährlichen Statistiken der Industrie- und Handelskammern für 1961, 1963.
[90] Vgl. hierzu *Scharmann*, S. 158.
[91] Vgl. dazu oben S. 65 f.
[92] Ernst *Hoffmann*, S. 28.
[93] So in der Weimarer Zeit vgl. RArbBl. 1927, Beilage zu Nr. 10 sowie 39. Sonderheft zum RArbBl.; im Dritten Reich, vgl. Entwurf eines Gesetzes über die Berufserziehung der deutschen Jugend aus dem Jahre 1942.

3. Einschränkung der Arbeitstätigkeit von Minderjährigen

folgende Tendenz erkennen: Die Stellung des Jugendlichen zum Arbeitsleben wird stärker von der Ausbildung und Absonderung vom eigentlichen Arbeitsprozeß geprägt.

cc) Diese Entwicklung, die sachliche Umgestaltung des Verhältnisses der heranwachsenden Jugend zum Arbeitsleben, führte zu einer weiteren Einschränkung der Bedeutung des § 113 BGB. Für die in Ausbildungsverhältnissen stehenden Minderjährigen sollte die Vorschrift keine Anwendung finden.

In der Praxis der Jahrhundertwende spielte die Frage, ob das Lehrverhältnis ein „Dienst- oder Arbeitsverhältnis" im Sinne des § 113 BGB war, zunächst keine große Rolle, da die Struktur des Lehrverhältnisses im Umbruch begriffen war und der Lehrling im weiten Umfange zum Arbeiter herabgesunken war. Dem minderjährigen Lehrling hatte daher auch die in § 113 BGB formulierte rechtliche Selbständigkeit zugestanden. Nur vereinzelte Gerichtsentscheidungen hatten dies verneint[94].

Die Frage, ob das Lehrverhältnis ein Arbeitsverhältnis war, hat dann das Arbeitsleben sowie die Rechtsprechung in den zwanziger Jahren von einer anderen Seite her beschäftigt. Den Gewerkschaften war das Recht bestritten worden, die Arbeitsverhältnisse der Lehrlinge kollektiv zu regeln, und damit war die rechtliche Einordnung des Lehrverhältnisses als ein Arbeitsverhältnis im Sinne des § 1 der Tarifvertragsverordnung aus dem Jahre 1919 fraglich geworden. Ob das Lehrverhältnis auch ein „Dienst- oder Arbeitsverhältnis" im Sinne des § 113 BGB war, hatte wenig mit der in zahlreichen Entscheidungen vertretenen Auffassung zu tun, daß das Lehrverhältnis aus tariflicher Sicht gesehen wie ein Arbeitsverhältnis zu behandeln war[95]. Soweit das Reichsarbeitsgericht in seiner vielzitierten Entscheidung vom 13. Februar 1929[96] das Lehrverhältnis „an sich" auch als Dienst- oder Arbeitsverhältnis im Sinne des § 113 BGB angesehen hatte, stand es unter dem Einfluß der bereits zitierten Entscheidungen zu § 1 der Tarifvertragsverordnung; das beweisen seine Hinweise auf diese Entscheidungen. Wie stark sich wegen der Gewerkschaftsbewegung der Blickwinkel für die Einordnung des Lehrverhältnisses als ein „Dienst- oder Arbeitsverhältnis" im Sinne des § 113 BGB verschoben hatte, wurde auch in der Entscheidung des Landesarbeitsgerichts Görlitz vom 13. Oktober 1927 deutlich, wenn dort bemerkt wurde: „Ein Grund, die Lehrverträge für die Anwendbarkeit der Tarifvertragsverordnung den Arbeitsverträgen zuzusprechen, für die An-

---

[94] Vgl. die Nachweise bei *Planck*, 4. Aufl. 1913, S. 258.

[95] Dies wird auch gegenwärtig noch übersehen und nicht klar auseinandergehalten von *Erman-Westermann*, § 113 Anm. 1 mit den Zitaten RAG 1, 313; 2, 226; *Rohwer-Kahlmann*, S. 284 mit den Zitaten RAG BS 2, 147; 4, 85.

[96] In RAG 3, 221 = BS 5, 331 im Anschluß an RAG 1, 313; 2, 226; vgl. auch oben S. 66; vgl. auch RAG, Urteil v. 17. 10. 1931, in RAG BS 13, 447.

wendbarkeit des § 113 BGB jedoch nicht, ist nicht ersichtlich[97]." Obwohl das Reichsarbeitsgericht, wenn nicht wörtlich, so doch dem Sinne nach, auf dem Boden dieser Auffassung stand, hat es jedoch in dem entschiedenen Fall § 113 BGB nicht auf das Lehrverhältnis angewandt; es hat das Vorliegen einer Ermächtigung im Sinne des § 113 BGB für nicht nachgewiesen erachtet[98]. Die Einordnung des Lehrverhältnisses als „Dienst- oder Arbeitsverhältnis" im Sinne des § 113 BGB ist angesichts der dargestellten rechtlichen Problematik zu § 1 der Tarifvertragsverordnung von einem falschen Ausgangspunkt vorgenommen worden. Mit der Auflösung der Gewerkschaften im Dritten Reich, der zunehmenden Betonung des Ausbildungscharakters des Lehrverhältnisses und einer allein von der Vorschrift des § 113 BGB ausgehenden Betrachtung und Überprüfung, ob sie mit der Eigenart des Lehrverhältnisses überhaupt vereinbar war, setzte sich bald, ausgehend von den tatsächlichen Verhältnissen, in Rechtsprechung und Lehre die Auffassung durch, daß die Vorschrift nicht auf Lehrverhältnisse anwendbar sei. Einmal verbot dies der Erziehungs- und Ausbildungszweck des Lehrverhältnisses, zum anderen war aber auch kein besonderes Bedürfnis für eine weite rechtliche Selbständigkeit des Lehrlings anzuerkennen[99].

· Die ‚lernende Arbeit' zeigt gegenüber der ‚Erwerbsarbeit' eine eigene Struktur. Sie enthält eine Folge von Stufen, die mit jeweils eigenen Schwierigkeiten ausgestattet und vom Lehrling nacheinander zu meistern sind[100]. Es ist unzweckmäßig, dem Lehrling durch eine allgemeine Ermächtigung die Möglichkeit zu geben, selber über die Bedingungen und den Bestand des Lehrverhältnisses zu entscheiden[101]. Hinzu kommt, daß das Ausbildungsverhältnis in der Regel nur einmal im Leben abgeschlossen wird[102], sich über eine längere Zeit, meistens drei Jahre, erstreckt und nach Ablauf einer Probezeit nur unter erschwerten Bedingungen aufzulösen ist[103]. Unter diesen einmaligen Umständen verlangt auch die Praxis zum Abschluß des schriftlichen Lehrvertrages die Unterschrift des gesetzlichen Vertreters[104]. So besteht denn auch in Rechtsprechung und Schrifttum gegenwärtig nahezu völlige Einstimmigkeit darüber, daß § 113 BGB nicht auf Lehrverhältnisse und ihnen gleichgestellte Anlern- und Volontärverhältnisse Anwendung findet[105].

---

[97] In HRR 1928, Nr. 17.
[98] Die Hinweise auf diese Entscheidungen bei *Staudinger-Coing*, § 113 Anm. 4; BGB-RGRK-*Krüger-Nieland*, § 113 Anm. 9; *Nikisch*, § 20 I, S. 180; *Enneccerus-Nipperdey*, § 151 III Anm. 17, stützen daher nicht eindeutig positiv die Auffassung, daß § 113 auch für Lehrverhältnisse gelten soll.
[99] So mit Recht gegenwärtig *Erman-Westermann*, § 113 Anm. 1.
[100] Vgl. dazu *Furck*, S. 69.
[101] Vgl. auch *Maus* III, 19/30 im Anschluß an *Nikisch*.
[102] So mit Recht *Auerswald*, S. 31, eine Tatsache, die bei diesem Streit nicht genügend beachtet worden ist.
[103] Vgl. z. B. § 7 des üblichen Lehrvertrages, mitgeteilt bei *Trost*, S. 179; so

4. Gegenwärtige Bedeutung der Vorschrift für Arbeitnehmer und Arbeitgeber

Die zahlreichen entweder abgeschlossenen oder noch andauernden, erzwungenen oder zwangsläufig wirkenden Entwicklungen, die das Arbeitsleben des Minderjährigen gestaltet haben und noch beeinflussen, lassen folgendes erkennen: Die wirtschaftliche Sonderstellung des Arbeiterstandes, seine Ausbeutung und Benachteiligung sowie seine soziale Geringschätzung sind überwunden. Die gesellschaftliche Schichtung, welche noch das Leben der Jahrhundertwende beherrschte, hat sich aufgelöst oder zumindest an Deutlichkeit verloren. Die Arbeiterschaft hat im kollektiven Vorgehen die wirtschaftliche Übermacht der Unternehmer beseitigt, sie hat gerechtere Arbeitsbedingungen erkämpft und die wirtschaftliche und soziale Lage des Arbeitnehmers verbessert. Der Arbeiter von heute ist kein Proletarier mehr, seine ökonomische Situation hat ihn über das proletarische Niveau hinausgehoben. Das Einkommen, über welches er verfügen kann, liegt über dem Existenzminimum. Dementsprechend hat sich auch sein Verhalten gewandelt, Denken und Handel sind nicht mehr proletarisch[106]. Der Arbeiter hat sich in Lebensweise und -einstellung mehr und mehr den Mittelschichten angeglichen; die ehemals scharfen Trennungslinien zwischen Arbeitern und Bürgern haben sich dadurch weitgehend verwischt[107]. Die schulpflichtigen Kinder des Arbeiters sind nicht mehr genötigt, „sich ihr Brot selbst zu verdienen"[108] und in „ehrlicher Arbeit ihre Armut zu bekämpfen"[109]. Seine heranwachsenden, schulentlassenen Kinder sind nicht mehr in erster Linie gezwungen, zu arbeiten und zu verdienen[110]; ihnen wird eine qualifizierte schulische und berufliche Ausbildung ermöglicht; in der Mehrzahl können sie schon ihren Beruf frei wählen[111]. Sie befinden sich in „lernender Arbeit"[112]. Ihr Eintritt in die volle Berufsverantwortung

---

sind z. B. in der Zeit von 1954—1961 jeweils nur rd. 4,5 %/o aller bestehenden Lehrverhältnisse vorzeitig aufgelöst worden. Vgl. Statistische Übersicht dazu bei *Furck*, S. 61.

[104] So auch *Karl H. Schmidt*, S. 90; vgl. auch §§ 4, 11 des bei *Trost*, S. 179, mitgeteilten Lehrvertragsmusters; dort ist die Unterschrift des gesetzlichen Vertreters vorgesehen.

[105] Vgl. statt aller *Maus*, a.a.O., mit eingehender Übersicht; diese Frage ist auch gegenwärtig nicht mehr umstritten, wie *Krüger-Nieland* in BGB-RGRK zu § 113 Anm. 9 noch betonen.

[106] *Bahrdt*, S. 25.

[107] Vgl. *Grebing*, S. 255.

[108] So noch *Herrenhaus* in der Begründung des § 6 des Pr. Gesetz von 1875.

[109] So noch *Neumann*, S. 14 f., gegen die Kritik *Mengers* an § 113 BGB.

[110] So noch *Dehn*, S. 38.

[111] Vgl. *Blücher*, S. 52.

[112] *Flitner*, S. 113.

hat sich damit hinausgeschoben. Ihr Jugendstadium hat die Bedeutung erhalten, welche es für die „bürgerliche Jugend" schon in der Jahrhundertwende gehabt hat. Es ist ein Durchgangsstadium zur Vorbereitung auf die Erwachsenenrolle geworden. Die Gesetze, welche das Arbeitsleben der Erwachsenen beherrschen, konnten daher noch nicht unbeschränkt für sie gelten. So wurde ihnen im Jugendarbeitsschutzgesetz eine unabdingbare Sonderstellung zugewiesen.

a) Die Vorschrift kann wegen der vollständigen Beseitigung der Kinderarbeit keine Anwendung mehr für Minderjährige finden, soweit sie noch schulpflichtig sind. Für diese, in der Regel alle Jugendlichen bis zum 15., teilweise sogar 16. Lebensjahr[113], ist die Vorschrift gegenstandslos geworden. Dies gilt auch weitgehend für die schulentlassenen, heranwachsenden Jugendlichen. Diese werden in großer Zahl Lehr-, Anlern- und Volontärverhältnissen zugeführt, auf die § 113 BGB keine Anwendung findet. Die Vorschrift wird erst von Bedeutung — abgesehen von dem geringen Anteil der ungelernten, heranwachsenden Jugendlichen — für die herangewachsenen Jugendlichen, wenn sie im Alter von 18 bis 19 Jahren ihre Ausbildung beendet haben und in das Erwerbsleben treten.

b) Soweit die Vorschrift für ungelernte heranwachsende Jugendliche oder ausgelernte Jugendliche überhaupt noch Anwendung finden kann, hat sie aber auch ihre ursprüngliche Bedeutung erheblich verloren: Die erweiterte rechtliche Selbständigkeit des in seinem Denk- und Willensvermögen noch nicht voll entwickelten Minderjährigen kann im Zusammenhang mit den wichtigsten Fragen seines Arbeitsverhältnisses nicht mehr zur Übervorteilung ausgenutzt werden. Die Einzelvereinbarung, die in den Zeiten des Gesindewesens sowie in den Anfängen der industriellen Arbeitswelt wegen der wirtschaftlichen und sozialen Ungleichheit der Herrschaften und Unternehmer gegenüber den Gesindepersonen und Arbeitern zur besseren Durchsetzung einseitiger Interessen gedient hatte, hat an Bedeutung verloren[114].

Was Sinzheimer schon im Jahre 1927 dazu festgestellt hat, gilt für die Arbeitsbedingungen der Minderjährigen heute um so eindringlicher: „Das Arbeitsverhältnis empfängt seinen Inhalt überwiegend nicht aus der freien Einzelvereinbarung der Parteien, die es erzeugen, sondern aus Normen, die es in festgefügter Ordnung wiederfindet. Diese Normen gehen auf Mächte zurück, die den Parteien des Anstellungsvertrages selbständig gegenübertreten und seinen Inhalt bilden ohne Rücksicht

---

[113] Vgl. dazu Näheres bei *Natzel*, § 2 Anm. 3.

[114] Dies wird im bürgerlichrechtlichen Schrifttum und der entsprechenden Rechtsprechung auch zunehmend erkannt. Vgl. *Riedel*, § 6 Anm. 3; *Hoffmann*, S. 127 m. Nachw.; vgl. auch LG Düsseldorf, Beschluß vom 10. 3. 1966, in: Der Betrieb, 1966, S. 587.

4. Bedeutung der Vorschrift für Arbeitnehmer und Arbeitgeber

darauf, ob die Vertragsschließenden ihn wollen oder kennen... diese beiden Mächte sind der Staat und die Kollektivmächte der Arbeit. Staatliches Schutzrecht, autonomes Kollektivrecht haben auf weiten Gebieten den Einzelvertrag in der Bestimmung des Arbeitsverhältnisses zurückgedrängt. Nur soweit kann sich der Einzelwille betätigen, als ihm die festgefügte soziale Personenordnung Raum läßt[115]."

Wie stark das öffentliche Recht in die Gestaltung des einzelnen Arbeitsverhältnisses eindringt, läßt sich am deutlichsten in der rechtlichen Stellung des heranwachsenden jugendlichen Arbeitnehmers erkennen: Seine Arbeitsbedingungen sind einmal aufgrund des Jugendarbeitsschutzgesetzes mit zwingender „gesetzlich-schuldrechtlicher Wirkung"[116] festgesetzt, sie erfahren zum anderen in den kollektiven Vereinbarungen ihre Ergänzung. Die individuelle Vertragsfreiheit, die Gestaltungsfreiheit ist zugunsten unabdingbar geltender Mindestarbeitsbedingungen eingeschränkt.

Dies gilt im gleichen Sinne auch für die ausgelernten Jugendlichen, die nicht mehr vom Jugendarbeitsschutzgesetz erfaßt werden; ihre Arbeitsbedingungen werden im wesentlichen kollektiv vereinbart.

Vergegenwärtigt man sich diese Rechtslage, so läßt sich der erhebliche Bedeutungsverlust der Vorschrift des § 113 BGB erkennen. Der minderjährige Arbeitnehmer kann trotz seiner weiten rechtlichen Selbständigkeit, die ihm § 113 BGB gewährt, nicht mehr in dem Maße wie zur Zeit der Jahrhundertwende übervorteilt werden; diese Bedeutung ist der Vorschrift genommen. So fehlen denn auch Entscheidungen aus jüngster Zeit, in denen der Umfang der rechtlichen Selbständigkeit, etwa bei Nebenabreden, abgegrenzt wird. Fast alle Kommentierungen zu der Vorschrift beziehen sich z. B. in dieser Frage ausschließlich auf Entscheidungen aus der Zeit der Jahrhundertwende und den Anfängen des modernen Arbeitsrechtes[117]. Sie sind eher von rechtsgeschichtlichem Wert, denn von aktueller Bedeutung. Das Recht des minderjährigen Arbeiters, im Rahmen seiner rechtlichen Selbständigkeit auch ungewöhnliche Nebenabreden wirksam zu vereinbaren, hatte in der Jahrhundertwende erhebliche Bedeutung besessen; dies gilt aber nicht mehr heute, wo die wichtigsten Arbeitsbedingungen, über welche etwaige Neben-

---

[115] *Sinzheimer*, Grundzüge, 1927, S. 144 f.
[116] So *Herschel*, S. 750; vgl. auch *Molitor*, S. 284 f. zur Bedeutung der Bestimmung des § 6; zum Umfang der „gesetzlich-schuldrechtlich" geltenden Pflichten vgl. *Natzel*, § 6 Rdn. 6.
[117] Vgl. z. B. *Palandt-Danckelmann*, § 113 Anm. 4 (RAG 1, 355); *Staudinger-Coing*, § 113 Anm. 5; zur Vertragsstrafe lediglich auf älterer Literatur beruhend, *Soergel-Seydel*, § 113 Anm. 3 (RAG 1, 355); ebenso BGB-RGRK-*Krüger-Nieland*, § 113 Anm. 5 und *Erman-Westermann*, § 113 Anm. 2 mit weiterer älterer Literatur; vgl. auch *Hueck-Nipperdey* I, § 30 Anm. 12; *Enneccerus-Nipperdey*, § 151 Anm. 18.

abreden für den Arbeitgeber von Wert wären, größtenteils unabdingbar gelten[118]. Die Bedeutung der Vorschrift liegt auch nicht mehr so stark in der Berechtigung des Minderjährigen, auf seine Lohnforderung verzichten zu können, sie zu stunden oder sich darüber vergleichen zu können[119].

c) Die wesentlichsten Voraussetzungen, die zur Entwicklung der Norm des § 113 BGB, der darin besonders gestalteten rechtlichen Selbständigkeit und Eigenverantwortlichkeit des Minderjährigen geführt haben, sind inzwischen fortgefallen: Die frühzeitige Teilnahme der Jugendlichen am Erwerbsleben, ihre Zugehörigkeit zu einem politisch und rechtlich unterdrückten, wenig geachteten Stand und die daraus folgende starke Ausbeutung ihrer Arbeitskraft. Diese Umstände sind einer neuen sozialen Ordnung gewichen; die Vorschrift des § 113 BGB, welche das Resultat jener überkommenen sozialen Konstellation war, muß damit in Einklang gebracht werden.

Der Schutz vor Übervorteilung sollte auch bei allen sonstigen Rechtsgeschäften den Vorrang erhalten, die der Minderjährige im Rahmen seiner rechtlichen Selbständigkeit noch vornehmen kann und bei denen die Möglichkeit einer Übervorteilung noch besteht. So sollte der Minderjährige, dessen Denk- und Willensvermögen noch nicht voll entwickelt ist, der sich durch Labilität und Gestaltungslosigkeit auszeichnet[120], auch vor Nachteilen geschützt werden, etwa bei der Annahme von Kündigungen, dem Verzicht auf Ersatzansprüche[121] oder bei der Unterzeichnung von Quittungen, welche bei der Lösung von Arbeitsverhältnissen eine große Rolle spielen. Bei der Vornahme dieser Rechtsgeschäfte sollte der Minderjährige, der nach einhelliger arbeitswissenschaftlicher Forschung erst zwischen dem 17. und 18. Lebensjahr die Arbeitsreife besitzt, ebenfalls vor unüberlegten rechtlichen Handlungen geschützt werden.

Im Vorangegangenen ist in differenzierter Weise gezeigt worden, wie die Entwicklung auf einen stärkeren Schutz des heranwachsenden Jugendlichen im Arbeitsleben und seine Sonderstellung gegenüber den Erwachsenen hinausgelaufen war. Es ist die stärkere Betonung der Aus-

---

[118] Die Entscheidung des LAG Berlin vom 28. 3. 1963 bildete davon auch keine Ausnahme, da es dort nicht nur um eine „ungewöhnliche", sondern sogar „sittenwidrige" und daher nach § 138 BGB unwirksame Nebenabrede ging. § 113 BGB war dort nicht in seiner besonderen Bedeutung angesprochen. Vgl. AP Nr. 1 zu § 113 Bl. 830.

[119] Die Hinweise bei *Enneccerus-Nipperdey*, § 151 Anm. 16 sowie BGB-RGRK-*Krüger-Nieland* besitzen daher auch keinen so aktuellen Wert mehr.

[120] *Tenbruck*, S. 47.

[121] Vgl. dazu LAG Niedersachsen, Urteil v. 9. 9. 1963, in: Betrieb 1964, 115, wonach ein allerdings 20jähriger durch Unterzeichnung einer Erklärung in seinem Gehalts-Kontobuch auf einen Abgeltungsanspruch wirksam verzichtet hatte.

bildung in seinem Verhältnis zum Arbeitsleben beobachtet und insgesamt festgestellt worden, daß die Gesetze, die in der Arbeitswelt der Erwachsenen ihre Berechtigung hatten, für die Jugendlichen noch keine volle Rechtfertigung besaßen. Diese Entwicklung hatte der Vorschrift des § 113 BGB die ursprüngliche Bedeutung erheblich genommen, die gerade darin gelegen hatte, den Minderjährigen in weiten Bereichen einem Erwachsenen gleichzustellen.

So würde es im Rahmen dieser Entwicklung liegen, wenn de lege ferenda die vollständige Aufhebung der ehemaligen Sondervorschrift des § 113 BGB für alle Kinder und heranwachsenden Jugendlichen gefordert werden würde, damit auch für sie der Schutz vor nachteiligen Rechtsgeschäften den Vorrang erhalten würde, da sie, wie die Motive sich ausdrückten, zwar willensfähig sind, aber noch nicht denjenigen Grad der geistigen Reife und geschäftlichen Erfahrung besitzen, welcher erforderlich ist, um ungefährdet im Rechtsverkehr auftreten zu können[122]. *§ 113 BGB sollte daher für Kinder und heranwachsende Jugendliche aufgehoben werden.* Dies auch schon deswegen, weil die sozialen Unterschiede, die der Entstehung der standesbedingten Sondervorschrift zugrunde gelegen hatten, inzwischen fortgefallen sind und diese auch keine in den sozialen Verhältnissen begründete Rechtfertigung mehr finden. „Die Arbeiter, und damit der junge Arbeiter, ist heute weder von seinem Sozialbewußtsein, noch von seinem Verhalten her als eigenständige, soziale Gestalt abgrenzbar[123]." Aus dem Proletarier ist ein Arbeitnehmer geworden, dessen Dasein und Auskommen gesichert ist, der die „bürgerlichen Normen des gesellschaftlichen Umgangs anerkennt"[124]. Es ist daher auch kaum noch berechtigt, von Arbeiterjugend oder jungen Arbeitern zu sprechen[125]. So gibt es heute keine sozial gering geachtete Klasse von Minderjährigen mehr, deren Stellung im Rechtsverkehr von einem anderen Grundsatz als dem des Schutzes vor den Gefahren des Rechtsverkehrs beherrscht sein dürfte. Der schulentlassene Minderjährige, der sich einem Ausbildungsverhältnis zuwendet oder sofort eine ungelernte Arbeit ergreift, läßt sich nicht mehr wie früher einem bestimmten Stande zuweisen.

Die wirtschaftlichen, politischen und sozialen Veränderungen des Arbeitslebens seit der Jahrhundertwende sind über die in jener Zeit noch gerechtfertigte Bestimmung des § 113 BGB hinweggeschritten. § 113 BGB hat seine historische Aufgabe erfüllt und damit das Schicksal aller kodifizierten Rechtsbestimmungen erfahren. Diese sind in unterschied-

---

[122] Motive, S. 131, § 65.
[123] *Kluth*, S. 173 f.
[124] Ders., S. 112.
[125] Ders., S. 174.

licher Stärke nur der rechtliche Ausdruck einer historischen, sozialen Entwicklung und daher vergänglich wie alle historischen Erscheinungen. Sie müssen den jeweils veränderten Verhältnissen angepaßt werden, wenn sie nicht nur historisches, sondern auch aktuelles Rechtsgut darstellen sollen. So gilt es, die Vorschrift des § 113 BGB mit der gegenwärtigen sozialen Ordnung in Einklang zu bringen und ihre völlige Beseitigung für Kinder und heranwachsende Jugendliche zu fordern.

5. Gegenwärtige Bedeutung der Vorschrift für Arbeitnehmer und gesetzliche Vertreter

Es wäre aber einseitig, nur aufgrund der dargestellten Veränderungen, welche die Beziehung des Minderjährigen zum Arbeitgeber betreffen, die generelle Aufhebung der Vorschrift für alle Altersklassen von Minderjährigen bis zum 21. Lebensjahr zu fordern.

Wenn es auch hauptsächlich die Beziehung des arbeitenden Minderjährigen zu seinen Unternehmern und Arbeitgebern gewesen war, aus der sich heraus die Vorschrift in ihrer besonderen Gestaltung entwickelt hatte, so dürfen aber nicht die anderen Umstände übersehen werden, die ebenfalls zu ihrer Entstehung mitgewirkt haben[126].

a) Für die Erweiterung der rechtlichen Selbständigkeit des Minderjährigen waren nicht allein ausschließlich die Verhältnisse zu den Herrschaften ursächlich gewesen, sondern auch die maßgeblich von der räumlichen Entfernung diktierten Beziehungen des Minderjährigen zu seinem gesetzlichen Vertreter. Diese hatten sich in der industriellen Arbeitswelt ebenfalls gewandelt und dem § 113 BGB eine neue Bedeutung gegeben.

aa) Die Ansätze hierzu ließen sich bereits zur Zeit der Jahrhundertwende erkennen. Mit der unselbständigen Arbeit war keine Eingliederung in den Lebens- und Herrschaftsbereich des Arbeitgebers, in eine Wohn-, Konsum- und Fürsorgegemeinschaft verbunden. Alle aus dem ehemals engen Gemeinschaftsverhältnis folgenden Aufgaben und Pflichten der Herrschaft gegenüber dem Gesinde wie das Gewähren einer Unterkunft, die Beköstigung, die Einkleidung und Pflege in Krankheitsfällen und im Alter[127] waren Personen und Organisationen übertragen worden, die nicht mehr mit dem Arbeitgeber identisch waren und zum Arbeitsverhältnis nur noch in mittelbarer Beziehung standen.

Das im guten Sinne väterlich bevormundende Gewaltverhältnis zwischen Herrschaft und Gesinde, das für die jungen, noch heranwachsenden

---

[126] s. oben S. 32 ff.
[127] Vgl. z. B. § 62 II HGB.

5. Bedeutung der Vorschrift für Arbeitnehmer und gesetzliche Vertreter 85

Gesindepersonen durchaus berechtigt gewesen sein mag[128], in der Praxis aber weit mehr in seiner negativen, ausbeuterischen Gestaltung verbreitet gewesen war, wurde von einem wesentlich freier gestalteten Arbeitsverhältnis abgelöst. Die jugendlichen Arbeiter fanden keine Aufnahme mehr in dem Schutzbereich eines Hausstandes, wo ihre Handlungsfreiheit, wenn auch nur im Interesse der Herrschaften, stark eingeschränkt und sie vor allgemeinen Gefahren außerhalb des Hauses geschützt worden waren. Die herrschaftliche Gewalt ersetzte nicht mehr die elterliche Gewalt und deren Züchtigungsrecht. Das Arbeitsverhältnis hatte sich zu einem reinen auf Austausch von Arbeit und Lohn beschränkten Verhältnis entwickelt. Der arbeitende Minderjährige war, besonders wenn er nicht mehr mit den Eltern zusammenlebte, frei von jeder über das Arbeitsverhältnis hinausgehenden persönlichen Unterordnung. So vollzog sich für den größten Teil der minderjährigen Arbeiter mit dem Eintritt in das Berufsleben das Ausscheiden aus dem elterlichen Gewaltbereich, ohne daß an dessen Stelle ein ähnliches Gewaltverhältnis treten konnte. Die Arbeit machte den Minderjährigen persönlich frei.

bb) Seine Verselbständigung im Arbeitsleben und dem sich daraus ergebenden Rechtsverkehr fand ihre Ergänzung und Förderung im Wandel der Familienstruktur, der Umgestaltung der Beziehungen von Kindern und Eltern in der industriellen Arbeitswelt. Seit den Anfängen des Kapitalismus, die nicht erst im 19. Jahrhundert lagen, sondern viel weiter zurückreichten[129], ließ sich eine Umformung der Familienstruktur erkennen. Die Familie verlor ihre ökonomisch-produktiven, religiösen und erzieherischen Aufgaben sowie ihre Unterstützungs- und Unterhaltungsfunktionen[130]. Sie sank zu einem untergeordneten Teilgebilde herab, aus dem der Jugendliche frühzeitig ausgegliedert wurde[131]. Dessen Eingliederung in die Gesellschaft beschleunigte sich[132]; die Kinder wurden so schon in jungen Jahren außerhalb der Familie organisiert und sozialisiert, von Zeitschriften, Film, Rundfunk und Fernsehen angesprochen, und waren daher viel früher körperlich und geistig entwickelt (Akzeleration). An die Stelle der herrschaftlichen Über- und Unterordnung von Eltern und Kindern ist eine zunehmende partnerschaftliche Gliederung getreten, wobei die Eigenständigkeit des Kindes eine stärkere Bedeutung erhalten hat[133]. Dieser neuen Familienstruktur

---

[128] So mit Recht *Struckmann*, Reichstag, Sten. Ber., 9. Legisl.Per., 4. Session, 1895/97, S. 2728.
[129] Vgl. *Brinkmann*, S. 71.
[130] *Schelsky*, S. 17.
[131] *Tenbruck*, S. 68.
[132] *Ders.*, S. 88, 89 auch im folgenden.
[133] *Weiß*, S. 893.

86   III. Bedeutungswandel der Vorschrift in der industriellen Arbeitswelt

ist die patriarchalische Familienordnung gewichen, wie sie Spranger noch mit den Worten charakterisiert hatte: „Der Vater hat alle reale Macht in der Hand. Er besitzt den Hof und das Geschäft. Er muß das Geld geben... bestimmt die Hausordnung, muß bei der Berufswahl gefragt werden[134]."

b) Die aufgezeigten Veränderungen, welche die Beziehung des minderjährigen Arbeitnehmers zu seinem gesetzlichen Vertreter und Arbeitgeber betrafen, ließen deutlich werden, daß er im Arbeitsleben erheblich selbständiger geworden war. Es war einmal die bedeutend freiere Gestaltung des Arbeitsverhältnisses, zum anderen die fortschreitende Desintegration der Familie, die dazu beigetragen haben, daß man von einer besonderen Mündigkeitsstufe sprechen konnte, welche er überschritt, wenn er in das Arbeitsleben eintrat.

So liegt es in der dargestellten Entwicklung begründet, daß der Inhalt des § 113 BGB in jüngster Zeit mit dem Ausdruck „Arbeitsmündigkeit" umschrieben wird[135].

aa) Der Minderjährige ist heute im Arbeitsleben in allen sich daraus ergebenden Rechtsbeziehungen weitaus selbständiger als früher, obwohl sein gesetzlicher Vertreter aufgrund der verbesserten Verkehrsbedingungen die Möglichkeit erhalten hat, sich eingehender um die von ihm vorzunehmenden Rechtshandlungen zu kümmern. Während der gesetzliche Vertreter dieser Pflicht früher wegen der damit verbundenen Zeit- und Geldverluste nicht nachkommen konnte, wirkt er heute weit häufiger beim Auschluß des Arbeitsvertrages mit. Es besteht kein Zweifel, daß auch in diesem Falle eine Ermächtigung im Sinne des § 113 BGB und damit die Einräumung einer freieren Rechtsstellung vorliegt. So hatte schon das Landgericht Krefeld in einem Urteil vom 4. März 1921[136] festgestellt, daß es der Erfahrung des täglichen Lebens entspreche, wenn Minderjährige sich selbständig um Stellungen bewerben und Anstellungsverträge abschließen und aus der bloßen Mitunterzeichnung des von beiden unterschriebenen Arbeitsvertrages durch den gesetzlichen Vertreter nicht ohne weiteres das Nichtvorliegen einer Ermächtigung im Sinne des § 113 BGB geschlossen werden könne. Mit dieser Entscheidung

---

[134] *Spranger*, S. 135; vgl. auch *Blücher*, S. 120.

[135] Von *Siebert*, S. 193, zum ersten Male gebraucht: „Arbeit macht mündig", inhaltlich jedoch beschränkt auf die Rechtsbeziehungen zum Arbeitgeber aus Gründen der „Arbeitseinsatzpolitik" des Dritten Reichs; vgl. auch *Krein*, S. 147; *Lange*, S. 281; ebenfalls *Götz Hueck*, RdA 54, 17; der von Weimar (Geschäftsfähigkeit), S. 651, verwendete Begriff „partielle Geschäftsfähigkeit" ist dem gegenüber unpassend und unzutreffend: Der Minderjährige ist auch ohne § 113 BGB „partiell" — für vorteilhafte Rechtsgeschäfte — geschäftsfähig.

[136] In JW 1924, 1197, die „auf ausdrücklichen Wunsch" der Arbeitgeberin nachträglich eingeholte Unterschrift des gesetzlichen Vertreters sollte nur zur Sicherung dienen, daß eine Ermächtigung im Sinne des § 113 BGB erteilt worden war.

5. Bedeutung der Vorschrift für Arbeitnehmer und gesetzliche Vertreter

hatte sich das Gericht in Widerspruch zu der alten, in Rechtsprechung und Schrifttum vertretenen Ansicht gesetzt, daß eine Ermächtigung im Sinne des § 113 BGB dann nicht anzunehmen war, wenn der gesetzliche Vertreter den Arbeitsvertrag selbst unterzeichnet hatte[137].

Es gehört zum Bild des emanzipierten Jugendlichen von heute, daß diese Auslegung des § 113 BGB nicht mehr allgemein vertreten wird, daß in jedem Falle, ob der gesetzliche Vertreter direkt beim Vertragsabschluß mitgewirkt hat oder die Ermächtigung dem Minderjährigen erteilt hat, dieser als „arbeitsmündig" im Sinne des § 113 BGB angesehen wird. Die gegenwärtige Praxis differenziert nicht zwischen den Fällen, daß der gesetzliche Vertreter den Vertragsschluß nach § 107 BGB nur genehmigt oder dem Minderjährigen eine Ermächtigung gemäß § 113 BGB erteilt[138]. Die von Schatter und Ballschmiede[139] vertretene Ansicht, daß die Ermächtigung „ausschließlich" dem Minderjährigen gegenüber zum Ausdruck zu bringen sei, daß die einem Dritten gegenüber abgegebene Ermächtigung rechtsunwirksam sei, erscheint willkürlich weder aus dem Gesetzestext eindeutig begründet, noch den gegenwärtigen tatsächlichen Verhältnissen entsprechen.

bb) Die rechtliche Selbständigkeit des voll in das Erwerbsleben eingegliederten Minderjährigen äußert sich nicht allein in seiner Beziehung zum Arbeitgeber. Der Kreis aller vom Arbeitsmündigen selbständig vorzunehmenden Rechtsgeschäfte hat sich im Vergleich zu seinem Umfang, etwa zur Zeit der Jahrhundertwende, erheblich erweitert. Rückblickend betrachtet, geschah dies in kontinuierlicher Entwicklung mit der zunehmenden Verflechtung des einzelnen Arbeitsverhältnisses mit Rechtsbeziehungen zu Personen und Organisationen, die mit dem Arbeitgeber nicht identisch waren.

So weitete sich schon zur Zeit der Jahrhundertwende der Umfang der Rechtsgeschäfte, welche der Minderjährige selbständig vornehmen durfte.

α) Angesichts des Abbaus der zahlreichen Pflichten, welche die Herrschaft gegenüber dem Gesinde früher zu erfüllen hatte, ergab es sich fast

---

[137] So auch noch *Hörle*, S. 38 m. w. Nachw. „Darin, daß der gesetzliche Vertreter den Dienst- oder Arbeitsvertrag geschlossen hat, liegt noch nicht eine Ermächtigung im Sinne des § 113 BGB"; im gleichen Sinne auch *Soergel-Gerold*, § 113 Anm. 1 m. Nachw.; ebenso RAG, Urteil v. 13. 2. 1929, in ArbRspr 1929, S. 175 f.; im gleichen Sinne auch Preuß. OVG, Urteil v. 24. 6. 1910, in: Recht, 1910, 782.

[138] Von weit größerer Bedeutung ist dagegen die Frage, wemgegenüber die Rücknahme oder Beschränkung der Ermächtigung auszusprechen ist. Vgl. dazu eingehend *Feller*, S. 421.

[139] *Schatter*, Ermächtigung, S. 445; *Ballschmiede*, S. 372; vgl. dazu auch *Feller*, a.a.O., welcher Widerruf und Beschränkung der Ermächtigung nur dann für wirksam hält, wenn sie gegenüber dem Arbeitgeber vom gesetzlichen Vertreter abgegeben wird.

zwangsläufig, daß der bereits im Arbeitsleben stehende Minderjährige selbständig die rechtlichen Beziehungen zu allen Personen und Organisationen aufnehmen konnte, denen nun die Sorge für Unterkunft, Kleidung, Nahrung und Schutz vor den Arbeitsgefahren sowie Krankheit und Alter zugefallen war. Der ehemals lediglich primär auf das Verhältnis zur Herrschaft beschränkte Bereich der rechtlichen Selbständigkeit erweiterte sich auf einen sekundären Bereich von Rechtsgeschäften.

Schon in der Jahrhundertwende war allgemein anerkannt, daß der Minderjährige berechtigt war, Verträge über „Kost und Logis" abzuschließen[140]. Auch der Abschluß von Verträgen über die Beförderung zum Arbeitsort[141] oder der selbständige Kauf von Arbeitskleidung wurde ihm gestattet[142].

β) Die Beziehungen zu den Sozialversicherungsträgern gerieten in den Bereich der selbständig vorzunehmenden Rechtsgeschäfte; wenn es sich dabei auch nicht um bürgerlichrechtliche Beziehungen handelte, so fand der privatrechtliche Begriff der Geschäftsfähigkeit auch für diese Beziehungen entsprechende Anwendung. Der Minderjährige wurde daher auch für Rechtshandlungen unbeschränkt geschäftsfähig angesehen, welche etwa die Wahrnehmung seiner Rechte sowie Erfüllung seiner Pflichten gegenüber der Krankenkasse betrafen[143].

Hiergegen wandten sich allerdings Vertreter einer engen, dogmatischen Auslegung des § 113 BGB. Nach ihrer Ansicht galt die Vorschrift nur für Rechtsbeziehungen zum Arbeitgeber und überhaupt nicht gegenüber anderen außerhalb des unmittelbaren Arbeitsverhältnisses stehenden Personen[144]. Soweit diese Ansicht heute noch vertreten wird, ist ihr entgegenzuhalten, daß sie sich lediglich auf eine formaljuristische, ein-

---

[140] Zustimmend bereits OLG Karlsruhe, Urteil v. 28. 11. 1904 in OLG 12, 11 f.; ebenso *Planck* (1913) AT, S. 259; ablehnend noch *Rehbein*, § 113; noch mit Bedenken, „da schwer mit dem Wortlaut zu vereinbaren", *Schmidt*, S. 106.

[141] *Auerswald*, S. 31, Fahrtkosten; vgl. dazu neuerdings OLG Schleswig, Urteil v. 21. 10. 1949, NJW 1950, 226.

[142] Vgl. allgemein dazu *Becker* in Schlegelberger-Vogels, § 113 Rdn. 4.

[143] Zustimmend Braunschweiger VGH v. 18. 3. 1907 in Reger, 28, 67; ebenfalls Sächs. OVG v. 28. 12. 1907 in Reger, 29, 52 (Beitritt zu einer Hilfskasse); *Stier-Somlo*, § 175 RVO Anm. 2a m. w. Nachw. — Aus neuerer Zeit: *Staudinger-Coing*, § 113 Anm. 5; *Soergel-Seydel*, § 113 Anm. 3 (abweichend noch Vorauflage); *Woltereck*, Ersatzkassenbeitritt, S. 162; *Schatter*, Ersatzkasse, S. 27; *Tietze*, S. 88. Der Minderjährige war aber nicht zur wirksamen Einwilligung in Operationen ermächtigt, auch wenn diese von einer Dienstbotenversicherung getragen wurde. Vgl. RG Urteil 1.—27. 7. 1907 in JW 1907, 505 zu einer Augenoperation.

[144] So ablehnend BayVGH v. 14. 12. 1908 in Reger, 29, 217; OLG Düsseldorf, Urteil v. 17. 12. 1913, mitgeteilt in *Warneyer* 13, 12; LG Köln, Praxis VersicherungsR 29, 1; *Warneyer*, § 113 Anm. 2 (1930); Reichsversicherungsamt v. 18. 2. 1922, Amtl. Nachrichten, 1922, 283; *Gottschalk*, S. 197 f.; aus dem neueren Schrifttum *Palandt-Danckelmann*, § 113 Anm. 4; *Rohwer-Kahlmann*, S. 285 f.

5. Bedeutung der Vorschrift für Arbeitnehmer und gesetzliche Vertreter

seitige Auslegung des Wortlauts stützt, ohne zu beachten, daß die Fassung des § 113 BGB auch nur der rechtliche Ausdruck einer bestimmten historischen sozialen Wirklichkeit gewesen ist, wie schon anhand der Begriffe „Dienst- oder Arbeitsverhältnis" gezeigt wurde[145]. Die Sozialversicherung hatte zur Zeit der Beratung des Bürgerlichen Gesetzbuches noch nicht den heutigen Grad an Allgemeingültigkeit und enger Verbindung mit dem einzelnen Arbeitsverhältnis besessen. Es wäre wenig zeitgemäß, einzig und allein vom Wortlaut der auf diesen sozialen Verhältnissen aufbauenden Vorschrift des § 113 BGB auszugehen, um einen Maßstab für das Verhalten der Betroffenen unter den erheblich veränderten sozialen Bedingungen in der Gegenwart zu setzen. Eine solche Auslegung würde im Einzelfall auch auf das völlige Unverständnis des arbeitenden Minderjährigen treffen, wenn er einerseits berechtigt würde, alle Rechtsgeschäfte aus dem Arbeitsverhältnis gegenüber dem Arbeitgeber selbständig und in eigener Verantwortung vornehmen zu dürfen, andererseits aber nicht die heute damit untrennbar verbundenen Beziehungen zu den Sozialversicherungsträgern selbständig regeln dürfte. Diese Differenzierung der mit dem Arbeitsverhältnis zusammenhängenden Rechtsgeschäfte würde ihm willkürlich und ohne ersichtlichen Grund erscheinen und dies auch mit Recht, da sie auch nicht früher vorgenommen wurde, als die Herrschaften ihre Fürsorgepflichten noch selber erfüllten.

So ist daher mit Recht anzunehmen, daß der minderjährige Arbeitnehmer nach § 113 BGB auch unmittelbar aus dem Arbeitsverhältnis folgende Rechtsbeziehungen zu den Sozialversicherungsträgern selbständig regeln kann.

Die Geschichtlichkeit des § 113 BGB, seine stete Anpassung an die veränderten sozialen Verhältnisse wurde auch in einem anderen Bereich von Rechtsgeschäften deutlich. Zu der zivilrechtlichen ist die arbeitsgerichtliche Prozeßfähigkeit getreten[146]. Mit der zunehmenden staatlichen Regelung des Arbeitsmarktes, der Einrichtung von Arbeitsämtern, ist die Pflege der Rechtsbeziehungen zu diesen Behörden, z. B. der Antrag auf Gewährung und Empfang von Arbeitslosengeld, in den Bereich der selbständig vorzunehmenden Rechtsgeschäfte gerückt[147].

γ) Mit dem verstärkten Einfluß der Gewerkschaften auf die Gestaltung der Arbeitsbedingungen fiel auch der Beitritt zu Koalitionen in den Bereich der sich aus dem Arbeitsverhältnis ergebenden Rechtsgeschäfte. Hierzu hat sich erst in jüngster Zeit mit Recht die Ansicht durchgesetzt,

---

[145] Vgl. oben S. 43 f.
[146] Vgl. § 46 Abs. 2 ArbGG; vgl. *Kaskel-Dersch*, 5. Aufl., § 21 II 3 a.
[147] Vgl. dazu *Krebs*, § 170 Anm. 3, der insoweit eine weite Auslegung des § 113 BGB fordert.

III. Bedeutungswandel der Vorschrift in der industriellen Arbeitswelt

daß der im Arbeitsleben stehende Minderjährige aufgrund der Ermächtigung im Sinne des § 113 BGB auch berechtigt ist, sich zur inhaltlichen Gestaltung seines Arbeitsverhältnisses einer Gewerkschaft anzuschließen[148].

Nur diese Auslegung des § 113 BGB wird den veränderten „arbeitsrechtlichen und gesellschaftlichen Verhältnissen"[149], der heutigen Stellung der Gewerkschaften im Arbeitsleben, ihrer sozialen Ordnungsfunktion und der Einflußlosigkeit des einzelnen Arbeitnehmers gerecht, der kaum die Macht besitzt, einen nennenswerten Einfluß auf die Gestaltung der Arbeitsbedingungen auszuüben.

Den Gegnern dieser Ansicht[150], die auf einer engen, dogmatischen Auslegung beharren und die Vorschrift nur für die Rechtsbeziehungen zum Arbeitgeber angewendet wissen wollen, ist derselbe Vorwurf zu machen, wie schon oben bei der Frage, ob der Minderjährige auch gegenüber den Sozialversicherungsträgern selbständig auftreten darf. Sie bleiben mit ihrer Auslegung des § 113 BGB auf dem Stand der sozialen Verhältnisse der Jahrhundertwende stehen. Diese waren von einer starken Feindschaft oder zumindest einem tiefen Mißtrauen der herrschenden Kreise gegenüber jeder Arbeiterbewegung gekennzeichnet. Die Emanzipation des Arbeiters hatte erst begonnen, Arbeiterkoalitionen hatten noch nicht die ihnen heute zukommende rechtliche Anerkennung gefunden. So war es nicht verwunderlich, daß die in § 113 BGB formulierte rechtliche Selbständigkeit und Eigenverantwortlichkeit des Minderjährigen sich noch nicht auf Rechtsgeschäfte zu Koalitionen beziehen konnte und — soweit es schon möglich war — durfte. Es wäre wiederum wenig zeitnah, aus der Sicht jener Verhältnisse heute die Rechtsbeziehungen zu den Gewerkschaften nicht in den Bereich der selbständig vorzunehmenden Rechtsgeschäfte einzubeziehen[151].

Den zahlreichen Argumenten gegen eine solche, im wahren Sinne des Wortes „historische" Auslegung des § 113 BGB ist im Rahmen dieser

---

[148] Zustimmend: so schon *Fränkel*, ArbR 1927, Sp. 837; *Fahrtmann*, S. 1982; *Hoffmann*, S. 126; *Woltereck*, Gewerkschaftsbeitrag, S. 1775; *Soergel-Seydel*, § 113 Anm. 3 (abweichend noch Vorauflage); LG Essen, Beschluß v. 18. 3. 1965, in NJW 1965, 2302; LG Frankenthal und LG Düsseldorf, in: Betrieb 1966, 587; AG Bamberg, Beschluß v. 17. 8. 1964, in: Betrieb 1964, 1558; AG Köln, Urteil v. 15. 5. 1964, in: Betrieb, 1964, 1380.

[149] So mit Recht LG Essen, a.a.O.

[150] *Palandt-Danckelmann*, § 113 Anm. 4; LG Frankfurt/M., Urteil v. 3. 5. 1963, in NJW 1963, 1361; so auch *Dietz*, S. 445 Anm. 102, der in § 113 BGB den Beitritt zu Koalitionen nicht einschließen will, andererseits aber im § 112 BGB annimmt, daß die dortige Ermächtigung den Beitritt zu einem Arbeitgeberverband in sich schließt.

[151] Vgl. in diesem Zusammenhange *Hirsch*, „Der gesetzlich fixierte ‚Typ' als Gefahrenquelle der Rechtsanwendung (erläutert am Beispiel des Handelsvertreters)", S. 161 ff., in Band 1 dieser Schriftenreihe des Instituts für Rechtssoziologie und Rechtstatsachenforschung an der Freien Universität Berlin.

5. Bedeutung der Vorschrift für Arbeitnehmer und gesetzliche Vertreter 91

Arbeit nur noch das historische Argument zuzufügen, daß sie einen Rückschritt in die Zeiten des Gesindewesens darstellt, jedoch mit einer eigenartigen Abweichung: Während dem Gesinde aus höchst eigensüchtigen Interessen der Herrschaften unter Androhung von Strafen verboten war, sich „complottierend" zu versammeln und Einfluß auf die Gestaltung der Arbeitsbedingungen zu nehmen, soll nun dem Minderjährigen, nachdem die Koalitionsfreiheit Wirklichkeit geworden ist, aus Gründen der „Personensorge", des Rechtes der Eltern auf Erziehung, der Beitritt zu Koalitionen verwehrt bleiben[152].

δ) In jüngster Zeit haben sich zu Geldinstituten rechtsgeschäftliche Beziehungen aus dem Arbeitsverhältnis ergeben. Besonders Großbetriebe lassen durch sie aus Rationalisierungsgründen ihre Arbeitnehmer entlohnen. Man wird mit Weimar und Capeller den Minderjährigen im Rahmen der Ermächtigung im Sinne des § 113 BGB für befugt ansehen dürfen, sich selbständig ein Gehaltskonto einzurichten[153], auch wenn dadurch eher dem Arbeitgeber die Erfüllung seiner Vertragspflichten erleichtert wird als dem Arbeitnehmer, der sich nach der Arbeitszeit unter Umständen zu überfüllten Kreditinstituten begeben muß, um in den Besitz seines Lohnes zu kommen.

ε) Die erweiterte rechtliche Selbständigkeit und Eigenverantwortlichkeit des Minderjährigen beschränkt sich nicht nur auf die Vornahme von Verpflichtungsgeschäften; der Minderjährige ist zugleich auch berechtigt, die eingegangenen Verpflichtungen zu erfüllen und damit selbständig über seinen Arbeitslohn zu verfügen, sei es gegenüber dem Arbeitgeber, sei es gegenüber Dritten. Schon Schefold hatte festgestellt, daß der Arbeitslohn insoweit der elterlichen Verfügungsmacht entzogen ist, als der Minderjährige zur selbständigen Vornahme der Rechtsgeschäfte im Rahmen des § 113 BGB befugt ist[154]. So darf er selbständig über seinen Lohn verfügen, um Arbeitskleidung zu kaufen, um seinen Verpflichtungen gegenüber den Sozialversicherungen nachzukommen oder seine Gewerkschaftsbeiträge zu entrichten[155]. Das an sich den Eltern zustehende Verwaltungsrecht an Einkünften aus seiner Arbeit[156] hat so wegen des erheblich erweiterten Umfanges der mit dem Arbeitsverhält-

---

[152] So insbes. *Schnorr v. Carolsfeld* am Ende seiner Anmerkung: „In erster Linie gehört das Problem zur Personensorge."
[153] *Weimar*, Verträge zur Errichtung von Gehaltskonten, S. 455; *Capeller*, Lohnkonten, S. 453.
[154] *Schefold*, S. 307 f., 313; unbeschadet des Rechtes der gesetzlichen Vertreter, die Ermächtigung insoweit einzuschränken.
[155] Man wird ihm heute nicht verwehren können, von seinem Arbeitslohn selbständig vermögenswirksame Anlagen nach dem sog. „312-DM-Gesetz" (BGBl. 1965 I S. 585) zu machen.
[156] § 1651 BGB, fortgefallen durch das Gleichberechtigungsgesetz v. 18. 6. 1957, heute § 1638 I BGB.

III. Bedeutungswandel der Vorschrift in der industriellen Arbeitswelt

nis zusammenhängenden Rechtsgeschäfte eine allmähliche Beschränkung erfahren[157].

Es erscheint aber auch zweifelhaft, ob die Verwaltungsbefugnis des gesetzlichen Vertreters am Arbeitseinkommen des Minderjährigen heute noch grundsätzlich gerechtfertigt ist. Wenn Zirkel dieses Recht noch mit der Stellung des Vaters als „Oberhaupt der Familie" rechtfertigte, daß er während der Arbeitstätigkeit des Kindes bleibe[158], so ist diese Begründung heute brüchig geworden. Die Emanzipation des Jugendlichen von heute, seine weitverzweigte Selbständigkeit im Arbeitsleben und seine partnerschaftliche Stellung zu den übrigen Familienmitgliedern in der „desintegrierten" Familie stehen dem Fortbestand dieses Rechtes entgegen. Dies gilt besonders dann, wenn der Jugendliche seine Lehrzeit beendet hat und wie ein Erwachsener mit allen Rechten und Pflichten in das Erwerbsleben tritt. Ihm dann noch die Verfügungsgewalt an seinem Arbeitsverdienst vorzuenthalten, wird für ihn nicht nur eine Schmälerung seiner Arbeitsfreude bedeuten, sondern auch im Widerspruch zu seiner bereits erreichten, funktionellen Vollwertigkeit im Arbeitsleben stehen[159]. Mit Recht betont Ballschmiede, daß der Minderjährige einerseits seine arbeitsvertraglichen Pflichten wie jeder andere zu erfüllen hätte, andererseits vor seinen Vorgesetzten und Arbeitskollegen wie ein unmündiges Kind dastehen würde[160]. Es würde dem Minderjährigen wenig einleuchten, daß er zwar für soweit entwickelt angesehen wird, daß er alle mit dem Arbeitsverhältnis zusammenhängenden Verfügungen selbständig vornehmen darf, sonst aber seinen Arbeitsverdienst nicht verwalten darf[161]. Wie schon dargestellt, hatte sich diese an sich wider-

---

[157] Der Streit über das Fortbestehen des Verwaltungs- und Klagerechts des gesetzlichen Vertreters hinsichtlich des Arbeitslohnes neben dem des Minderjährigen, wie er insbesondere von *Schefold*, a.a.O. und *Zirkel*, mit gegensätzlichen Ansichten ausgetragen wurde, besitzt in diesem Zusammenhang keine große praktische Bedeutung, da in der Klageerhebung des gesetzlichen Vertreters oder Einfordern des Lohnes vom Arbeitgeber eine Einschränkung der Ermächtigung gem. § 113 II zu sehen ist.

[158] *Zirkel*, S. 634.

[159] Die vom Kammergericht im Jahre 1909 getroffene Entscheidung, KGJ 37 A 39, wonach der Arbeitserwerb der elterlichen Verwaltung zustehen muß, hat in diesem Zusammenhang außer acht zu bleiben, da sie einen soziologisch andersartigen Fall betrifft, der nicht die Regel des § 113 bildet. Dort hatte ein wegen Verschwendung entmündigter Kaufmann von seinem Vormund das von diesem eingezogene Gehalt gefordert. — Daß u. U. „Leichtsinnigkeit", „leichtsinniger Lebenswandel" des Minderjährigen den Fortbestand des Verwaltungsrechtes dringend erfordern, soll dabei nicht übersehen werden. Vgl. dazu z. B. die Urteile des LG Gießen v. 21. 4. 1913 in Hess.Rspr. 14, S. 212 ff. sowie des GewG Bielefeld v. 12. 8. 1910 in GewG 16. Jg, Sp. 246 f.; im großen und ganzen wird dies bei 18- bis 19jährigen aber die Ausnahme sein.

[160] *Ballschmiede*, S. 372.

[161] Im gleichen Sinne *Schatter*, Ersatzkasse, S. 447: „Wenn dem Minderjährigen schon die Befugnis zur Verfügung über seine Forderung auf Vergütung eingeräumt wird, muß gleiches auch für die Vergütung selbst gelten." Vgl. da-

5. Bedeutung der Vorschrift für Arbeitnehmer und gesetzliche Vertreter 93

sprüchliche Aufteilung der Rechte des Jugendlichen an seinem Arbeitsverdienst aufgrund der sozialökonomischen Verhältnisse der Jahrhundertwende entwickelt[162]. Sie hat ihre Berechtigung aber heute weitgehend verloren. In der Zeit der Jahrhundertwende mußte noch ein großer Teil der Minderjährigen seinen Lohn zu Hause zur Milderung der häuslichen Not abgeben, auch wenn schon bei der Beratung der Gewerbeordnungsnovelle vom Jahre 1891 Klagen darüber geführt wurden, daß die arbeitenden Jugendlichen sich leicht wirtschaftlich verselbständigten, daß sie ihren Eltern nur Kostgeld abgaben, und wenn diese ihren Launen entgegentraten, sie das elterliche Haus verließen, um sich als Kostgänger einzumieten[163].

Mit wachsendem Alter hatte schon damals der Anteil der Jugendlichen zugenommen, der seinen Eltern einen Teil oder sogar den ganzen Lohn vorenthielt[164]. Angesichts der verbesserten Lage des Arbeiterstandes hat die Zahl der Minderjährigen zugenommen, denen die selbständige Verfügung über ihren Arbeitslohn erhalten blieb, obgleich jedoch nicht übersehen werden darf, daß viele Arbeiterfamilien nun wegen ihres unbegrenzten Konsumstrebens auf den Arbeitslohn ihrer Kinder weiterhin angewiesen sind. Eine Umfrage des Kindler und Schiermeyer-Verlages unter den Lesern seiner Zeitschrift „Bravo" hatte z. B. ergeben, daß die 12- bis 16jährigen Leser über durchschnittlich 19,—DM, die 17- bis 20jährigen Arbeiter über 91,— DM frei verfügen konnten, nach Abzug aller festen Verbindlichkeiten[165]. Wenn diese Zahlen auch nicht repräsentativ sind, so machen sie doch deutlich, daß sich die Verfügungsbasis der Jugendlichen, insbesondere der 17- bis 20jährigen, erheblich verbreitet hat.

Es würde einen konsequenten Schritt in der aufgezeigten Entwicklung darstellen, wenn man dem voll im Erwerbsleben stehenden Minder-

---

zu aber auch ArG Bremen, Urteil v. 17. 3. 1959, in: Betrieb 1959, 863: Der Lohn eines 18jährigen Bauhilfsarbeiters, der sich seine Arbeit selbständig gesucht hatte, mußte auf Verlangen des gesetzlichen Vertreters an diesen ausbezahlt werden; das Gericht ging dabei von § 107 BGB aus, ohne den § 113 BGB überhaupt zu erwähnen, obwohl nach dem Sachverhalt diese Vorschrift hätte herangezogen werden müssen. Vgl. auch LAG Dortmund, Urteil v. 9. 9. 1938, in: LAG ARS 34, 64 ff., wo ein gesetzlicher Vertreter unter Mißbrauch seiner Stellung den Lohn des Minderjährigen vom Arbeitgeber abgeholt hatte, um ihn zu vertrinken.

[162] Vgl. oben S. 52 f.
[163] So Kommissionsbricht betr. Abänderung der GewO, Reichstag, Sten. Ber., 8. Legisl.Per., 1. Session 1890/91, Anlagen, S. 1441 f.
[164] Kommissionsbericht, a.a.O.; vgl. auch *Oske*, S. 130 sowie *Dehn*, S. 55; vgl. auch *Lothmar*, S. 167 Anm. 2 zur praktischen Bedeutungslosigkeit des § 119 a Nr. 2 GewO; danach konnte durch Ortsstatut festgesetzt werden, daß Minderjährigen nur unter erschwerten Umständen der Arbeitslohn direkt auszubezahlen war.
[165] Mitgeteilt bei *Dorothea Scharmann*, S. 72; vgl. ebenda auch sonst zur finanziellen Situation der Jugendlichen, S. 25 ff.

jährigen auch die volle Verwaltung seines Arbeitseinkünfte unter Ausschluß seines gesetzlichen Vertreters überließe. Merkwürdigerweise ist man in der sich so fortschrittlich nennenden Deutschen Demokratischen Republik anläßlich der Schaffung des Gesetzbuches der Arbeit im Jahre 1961 nicht so weit gegangen. Auch dort unterliegt der ausgezahlte Arbeitslohn des Minderjährigen der Verwaltungsbefugnis des gesetzlichen Vertreters; an dieser Auffassung wird — trotz erheblicher praktischer Bedenken — festgehalten[166], ohne daß dabei erkannt wird, daß die Verwaltungsbefugnis des gesetzlichen Vertreters über den Arbeitsverdienst dem das sozialistische Arbeitsrecht beherrschenden Grundsatz „jeder nach seinen Fähigkeiten, jedem nach seiner Leistung", § 39 Gesetzbuch der Arbeit, widerspricht. Die Eltern haben daher „im Rahmen des § 113 BGB die Möglichkeit, unmittelbar vom Betrieb denjenigen Teil des Arbeitslohnes des Kindes zu verlangen, der erforderlich ist, um dessen finanzielle Verpflichtungen gegenüber der Familiengemeinschaft zu erfüllen"[167]. Es ist aber nicht einzusehen, warum ein „nahezu achtzehnjähriger Lehrling" nach dreijähriger Lehre in einer Kraftfahrzeugwerkstatt nicht auch so reif sein sollte, seinen eigenen Arbeitsverdienst zu verwalten, ganz besonders dann, wenn man andererseits annimmt, „daß er die Erkenntnis seiner Verantwortlichkeit für einen von ihm unter den Gegebenheiten der Werkstatt grob fahrlässig angerichteten Unfall hat"[168].

Die Verfügung des minderjährigen Arbeitnehmers über den selbst verdienten Arbeitslohn wird, soweit sie nicht unmittelbar der Erfüllung der mit dem Arbeitsverhältnis zusammenhängenden Rechtsgeschäfte dient, in der gegenwärtigen Lehre mit dem Hinweis auf § 110 BGB gerechtfertigt[169]. Es ist aber zweifelhaft, ob dieser sogenannte „Taschengeldparagraph" in diesem Zusammenhang eine zutreffende Begründung bieten kann. Denn in der Mehrzahl der Fälle bleibt dem Minderjährigen das Arbeitseinkommen nicht mehr „zur freien Verfügung überlassen", sondern es wird der Verwaltung der Eltern von vornherein entzogen und eher umgekehrt in Höhe eines Kostgeldes den Eltern überlassen. Der Minderjährige erhält nach dem alten Grundsatz „der Lohn dem Arbeiter"[170] den Arbeitsverdienst selbst ausgezahlt; die Verwertung ist

---

[166] Vgl. hierzu z. B. *Eberhardt*, S. 637 m. w. Nachw.
[167] So *Eberhardt, Daute, Duft*, S. 290.
[168] So z. B. BAG Urteil vom 9. 8. 1966, NJW 1967, 221.
[169] Vgl. z. B. *Hueck-Nipperdey* I, S. 175 Anm. 15; *Staudinger-Coing*, § 113 Anm. 8; *Rosenthal-Bohnenberg*, § 113 Anm. 274; *Palandt-Danckelmann*, § 113 Anm. 4, der in diesem Fall auf § 107 verweist; ebenfalls *Erman-Westermann*, § 113 Anm. 2; siehe auch *Eberhardt*, S. 637 m. Nachw. für das Gebiet der Deutschen Demokratischen Republik.
[170] So schon GewG Bielefeld, Urteil v. 12. 8. 1910, in: GewG 16. Jg., S. 246 f.; für die Zeit der Jahrhundertwende vgl. z. B. auch Jahresberichte der Gewerbeaufsichtsbeamten 1902, 1, 39.

5. Bedeutung der Vorschrift für Arbeitnehmer und gesetzliche Vertreter

ihm dadurch zunächst freigestellt und man gerät schon eher in den Bereich der Fiktion zu unterstellen, der gesetzliche Vertreter überließe dem Minderjährigen den Lohn zur freien Verfügung. Fiktionen aber bergen die Gefahr einer wirklichkeitsfremden und ungerechten Regelung in sich, soweit sie überhaupt in die Rechtspraxis Eingang finden[171]. Eine sachgerechte Begründung der selbständigen Verfügungsfreiheit des Minderjährigen über seinen Arbeitslohn ergibt sich viel eher und einleuchtender aus § 113 BGB. Der darin enthaltene Gedanke, daß Arbeit mündig macht, läßt sich auch zur Rechtfertigung der Verfügungsfreiheit darüber heranziehen[172].

c) Man kann die gegenwärtige Bedeutung der Vorschrift für den im Erwerbsleben stehenden Minderjährigen ermessen, wenn man sich den Umfang aller kurz aufgezeigten Rechtsgeschäfte vergegenwärtigt[173]. Dieser Umfang sowie die Tatsache der entwicklungsbedingten vorzeitigen Reife des Jugendlichen von heute rechtfertigen den Ausdruck „Arbeitsmündigkeit", mit dem die Bedeutung der Vorschrift heute zunehmend gekennzeichnet wird. Man kann in der Vorschrift durchaus von einem besonderen Status des Minderjährigen hinsichtlich seiner Geschäftsfähigkeit sprechen[174].

Es gehört in das Bild dieser gegenwärtigen Bedeutung des § 113 BGB, daß der Rahmen der aufgrund der Ermächtigung gestatteten Rechtsgeschäfte des Minderjährigen nicht einmal ausreicht: Dies wird anhand des dargestellten Bereichs von Rechtsbeziehungen zu Kreditinstituten deutlich; will der Minderjährige seinerseits von der Errichtung eines Lohnkontos einen Vorteil haben und nicht darauf angewiesen sein, den Lohn unter Zeitverlusten beim Kreditinstitut abheben zu müssen und

---

[171] In diesem Zusammenhang sei auf die Monographie Eugen *Ehrlichs* „Die stillschweigende Willenserklärung", Berlin 1903 in der Besprechung von *Rehbinder* „Die Begründung der Rechtssoziologie durch Eugen *Ehrlich*", S. 21 ff. hingewiesen in Bd. 6 dieser Schriftenreihe des Instituts für Rechtssoziologie und Rechtstatsachenforschung der Freien Universität Berlin.
[172] Zu weit geht *Ballschmiede*, S. 372, wenn er ein Verwaltungsrecht des gesetzlichen Vertreters am Arbeitslohn gegen den Willen des Minderjährigen nicht zulassen will; eine noch so weite Auslegung des § 113 BGB findet ihre Grenzen immer in Abs. 2, wonach der gesetzliche Vertreter die Ermächtigung jederzeit und in jeder Art zurücknehmen kann, auch wenn in der Praxis davon wenig Gebrauch gemacht wird; einen solchen Fall betraf z. B. die Entscheidung des ArbG Göttingen v. 25. 5. 1961, in: Betrieb 1962, 606.
[173] a. A. *Flume*, S. 209 sowie insbes. *Gernhuber*, S. 516, der in der Vorschrift keine befriedigende, an sich wünschenswerte Lockerung der „plumpen, elterlichen Gewalt" sieht.
[174] Ein Blick in die Kommentare zu § 113 BGB bestätigt diese aktuelle Bedeutung der Vorschrift, die heute im wesentlichen nur noch eine Streitfrage aufwirft, nämlich wieweit der Kreis der gestatteten Rechtshandlungen gegenüber Dritten, der „sekundäre Bereich" zu ziehen ist. Vgl. *Staudinger-Coing*, § 113 Anm. 5, allerdings veraltet, nur zur Frage der versicherungsrechtlichen Beziehungen; vgl. ansonsten *Palandt-Danckelmann*, § 113 Anm. 3.

etwa bargeldlos darüber verfügen[175], so ist ihm diese Möglichkeit aufgrund des klaren Wortlautes der §§ 113 Abs. 1 Satz 2 in Verbindung mit § 1643 Abs. 1, 1822 Nr. 9 BGB genommen. Sein gesetzlicher Vertreter kann ihn dazu nicht ermächtigen, da er selbst zur Vornahme solcher Rechtsgeschäfte im Rahmen seiner gesetzlichen Vertretungsmacht die Genehmigung des Vormundschaftsgerichts benötigt.

Das Gesetz sagt in § 113 Abs. 1 Satz 2 BGB nicht, ob der gesetzliche Vertreter eine solche, etwa sogar generelle Genehmigung des Vormundschaftsgerichtes, § 1825 BGB, an den Minderjährigen weitergeben dürfte. Mit dieser Frage hat sich der Gesetzgeber zur Zeit der Jahrhundertwende auch noch nicht beschäftigen können, da er von einer auf „niedere, körperliche" Tätigkeit beschränkten Geltung der Vorschrift und geringen Bedeutung der daraus folgenden Rechtshandlungen ausging. So hatte er z. B. dieselben Beschränkungen der erweiterten rechtlichen Selbständigkeit in § 112 BGB als nicht ins Gewicht fallend angesehen, da er in solchen Fällen die Volljährigkeitserklärung als das geeignete Mitte ansah, um zu einer den Anforderungen des Berufes entsprechenden Selbständigkeit zu gelangen[176]. Es wird der zukünftigen Entwicklung überlassen bleiben, ob § 113 Abs. 1 Satz 2 BGB in der vorgeschlagenen Weise den veränderten Verhältnissen angepaßt und dem Minderjährigen gestattet wird, mit einem Scheck über seinen auf ein Lohnkonto eingezahlten Arbeitslohn zu verfügen. Gegenwärtig wird diese Möglichkeit noch nicht ernsthaft in Betracht gezogen, vielmehr im Bankgeschäftlichen Formularbuch empfohlen, „von der Ausgabe von Scheckheften an Minderjährige überhaupt abzusehen"[177].

So hat sich aus dem Arbeitsverhältnis eine Fülle von Rechtsbeziehungen zu zahlreichen Personen und Organisationen ergeben, die ihren Sinn allein vom Bestehen des Arbeitsverhältnisses erhalten und mittelbar der Erfüllung der arbeitsvertraglichen Verpflichtungen dienen. Mit jeder Erweiterung der rechtlichen Selbständigkeit der Minderjährigen zur Vornahme dieser Rechtsgeschäfte ist das elterliche Vertretungsrecht schrittweise eingeschränkt worden und damit eng zusammenhängend das weitere aus der elterlichen Gewalt fließende Recht der Personensorge, die Möglichkeit, das Handeln des Minderjährigen überhaupt im Arbeitsleben zu beeinflussen. Die rechtliche Stellung des Minderjährigen gemäß § 113 BGB hat durch die sich bei seinem Eintritt in das Arbeitsleben notwendigerweise ergebende weite, tatsächliche Selbständigkeit eine neue Bedeutung erhalten.

d) Bei einer lebensnahen Betrachtung des gegenwärtigen Arbeitslebens darf daher nicht übersehen werden, daß § 113 BGB für alle Ju-

---

[175] Vgl. dazu im einzelnen *Capeller*, Scheckverkehr, S. 682.
[176] Vgl. Motive, S. 144 zu § 67.
[177] *Trost-Schütz*, S. 365.

gendlichen im Erwerbsleben von erheblicher Bedeutung ist. Diese Bestimmung ist für sie der rechtliche Rahmen ihrer Selbständigkeit und Eigenverantwortlichkeit in der industriellen Arbeitswelt. Die Jugendlichen schließen alle aus dem Arbeitsverhältnis folgenden Rechtsgeschäfte nicht mehr nach der Regel des § 107 BGB, sondern nach § 113 BGB ab, der die rechtliche Basis ihrer weiten Selbständigkeit geworden ist.

Aus der ehemals standesbedingten Sondervorschrift — der Ausnahmevorschrift zu § 107 BGB — ist daher die Regel geworden. Die logisch-systematische Geschlossenheit des Rechtes — das Verhältnis von § 107 BGB als Regel zur Ausnahme des § 113 BGB — ist von der soziologischen Entwicklung umgestaltet worden.

Diese Bedeutung der Vorschrift darf bei unbefangener Betrachtung des heutigen Arbeitslebens nicht übersehen werden. Die Vorschrift verdient, insoweit aufrecht erhalten zu werden, denn die weite rechtliche Eigenverantwortlichkeit des Minderjährigen findet ihre sachliche Rechtfertigung in der Tatsache, daß er zwischen 18 und 19 Jahren ausgelernt hat, dieselbe Arbeit wie ein Erwachsener leistet, dem Erwachsenen also funktionell völlig gleichgestellt ist und daß es daher nicht einzusehen ist, warum er die volle tatsächliche, aber nicht die rechtliche Verantwortung für sein Handeln tragen soll. Dem arbeitsreifen Minderjährigen kann die rechtliche Selbständigkeit zur Vornahme aller Rechtsgeschäfte, die seine bereits erreichte Berufs- und Lebensstellung mit sich bringt[178], nicht vorenthalten werden. Dies gilt um so mehr, als in allen neuzeitlichen Kulturen die Berufsfähigkeit das Stadium des Erwachsenseins kennzeichnet[179]. Es erscheint daher auch zweckmäßig, den Zeitpunkt, in dem der junge Mensch nach Beendigung seiner Ausbildung in das Erwerbsleben tritt, auch rechtlich als den Zeitpunkt auszugestalten, in dem er die volle rechtliche Selbständigkeit für alle, sein Arbeitsverhältnis betreffende Rechtshandlungen erwirbt[180]. Die mit der Eingliederung in das Erwerbsleben verbundene sittliche und moralische Verantwortung des Minderjährigen sollte daher auch in einer entsprechenden rechtlichen Selbständigkeit ihre Ergänzung finden. Aufgrund der gewandelten Beziehungen des Minderjährigen zu seinem gesetzlichen Vertreter, der

---

[178] Vgl. dazu AG Stuttgart-Bad Cannstatt, Beschl. v. 21. 9. 1965, FamRZ 65, 1616: Ein 20jähriger Bereitschaftspolizist hatte die Volljährigkeitserklärung beantragt, um eine seiner beruflichen Lebensstellung entsprechende zivilrechtliche Selbständigkeit zu erhalten; sie war ihm gewährt worden wegen der „offenkundigen Diskrepanz zwischen der vom Minderjährigen erreichten Berufs- und Lebensstellung und seiner bisherigen, beschränkten Geschäftsfähigkeit". Vgl. auch *Kreller* zum ‚nicht gerade beneidenswerten privatrechtlichen Dasein des 20jährigen, aktiv Wahlberechtigten' (Art. 22 WRV), S. 269.

[179] *Weiß*, S. 906.

[180] Im gleichen Sinne *Siebert*, Arbeitsmündigkeit, S. 199.

fortgeschrittenen Emanzipation in der industriellen Arbeitswelt ist daher folgendes zu empfehlen: § 113 BGB *soll als rechtlicher Rahmen der Arbeitsmündigkeit des Minderjährigen fortgelten.*

6. Zusammenfassende Schlußfolgerung

Aus der Sicht der Stellung des heranwachsenden Minderjährigen zu seinem Arbeitgeber, der verbliebenen Möglichkeit zur Übervorteilung, war die Aufhebung der Sondervorschrift vorzuschlagen. Die gewandelten Beziehungen des im Erwerbsleben stehenden Minderjährigen zu seinem gesetzlichen Vertreter forderten aber die Weitergeltung der Vorschrift. Beide Folgerungen, entwickelt aus unterschiedlichen Blickrichtungen, scheinen miteinander schwer vereinbar zu sein; sie lassen sich aber in Einklang bringen, wenn zusammenfassend empfohlen wird, § 113 BGB lediglich auf Minderjährige anzuwenden, die das 18. Lebensjahr vollendet haben.

Das kodifizierte Recht wird dem unendlichen Reichtum der konkreten Lebenserscheinungen nie vollkommen gerecht werden, es muß sich mit einer mehr oder weniger zweckmäßigen Ordnung der gewöhnlichen Vorgänge begnügen[181]. So dokumentieren die vom Gesetz festgesetzten Altersstufen die allmähliche Entwicklung des Menschen zu einer voll mündigen Rechtsperson, obgleich es sich dabei stets um „Standards" handelt[182]. Der jeweilige Reifegrad des Kindes kann keinen Maßstab für seine Mündigkeit geben, da ihm die Offenkundigkeit fehlt, welche der Rechtsverkehr nun einmal fordert[183]. Daher kann auf eine grundsätzliche Anknüpfung an bestimmte Altersstufen nicht verzichtet werden.

Mit der Vollendung des 18. Lebensjahres wird unter den Umständen des gegenwärtigen Arbeitslebens eine solche allgemeingültige Altersstufe überschritten. Die Entwicklung zeigte, daß dem Minderjährigen im Arbeitsleben bis zu diesem Alter eine Sonderstellung einzuräumen war, er noch verstärkt vor den Gefahren des Arbeitslebens zu schützen und seine Ausbildung zu betonen war. Auch sind nach arbeitswissenschaftlicher Forschung erst im Laufe des 18. Lebensjahres die besten Bedingungen für seinen Eintritt in das Arbeitsleben gegeben. Aufgrund seiner Entwicklung sowie der gestiegenen Anforderungen des Berufslebens ist er vorher weder geistig noch körperlich auf den Schritt in das Arbeitsleben vorbereitet, auch ist nicht zu erwarten, daß er die notwendige Reife besitzt, um seine Angelegenheiten mit genügender Umsicht zu besorgen; er ist in der Regel erst im 18. Lebensjahr „berufsreif".

---

[181] Vgl. *Moufang*, S. 46.
[182] So *Gernhuber*, S. 516.
[183] Ebenda.

6. Zusammenfassende Schlußfolgerung

Dieses Alter kennzeichnet schon in zahlreichen Gesetzesbestimmungen den Anfang einer erweiterten rechtlichen Selbständigkeit. So kann ein Minderjähriger, der das 18. Lebensjahr vollendet hat, durch Beschluß des Vormundschaftsgerichts für volljährig erklärt werden, §§ 3—5 BGB. Die volle strafrechtliche Verantwortlichkeit trifft ihn für sein Verhalten mit dem vollendeten 18. Lebensjahr; für den „Heranwachsenden" findet das Jugendstrafrecht nur noch in Ausnahmefällen Anwendung, § 105 JGG[184]. Die Wehrpflicht des Minderjährigen beginnt mit dem vollendeten 18. Lebensjahr, § 1 WehrpflG und damit, die aus dem Wesen des Wehrdienstes als eines persönlichen Dienstes folgende Selbständigkeit und Eigenverantwortlichkeit für alle das Wehrverhältnis betreffenden Rechtshandlungen[185], die sogenannte „Wehrmündigkeit"[186]. Der Minderjährige, der das 18. Lebensjahr vollendet hat, wird auch für befähigt gehalten, den Anforderungen des Straßenverkehrs zu genügen; so kann er einen Führerschein der Klassen I und III erwerben, § 7 Abs. 1 Nr. 1, 3 StVZO[187].

Der Minderjährige, der das 18. Lebensjahr vollendet hat, wird im Strafrecht und in weiten Bereichen des öffentlichen Rechts körperlich und geistig für voll entwickelt angesehen. Es erhebt sich daher die Frage, ob der Beginn der zivilrechtlichen Mündigkeit mit der Vollendung des 21. Lebensjahres heute noch unter den veränderten Umständen der beschleunigten Eingliederung der Kinder in die Gesellschaft gerecht wird[188]. Auch ohne grundlegende Untersuchungen drängt sich hierbei die Vermutung auf, daß die Altersstufe des 21. Lebensjahres auf der Basis der alten Familienverfassung begründet zu sein scheint[189], in der

---

[184] Vgl. *Dallinger-Lackner*, S. 831 f.

[185] So *Günther-Hahnenfeld*, § 19 Anm. 3.

[186] Vgl. dazu auch OVG Münster, NJW 1962, 758: § 113 I 1 ist für Minderjährige bei Begründung des öffentlich-rechtlichen Wehrverhältnisses auf Zeit sinngemäß anwendbar; vgl. auch *Scherer-Flor-Krekeler*, § 19 X 1: ‚Zur Erfüllung der Staatsbürgerpflicht bedarf der Minderjährige nicht der Zustimmung des gesetzlichen Vertreters.'

[187] Vgl. hierzu *Flögel-Hartung*, § 7 Anm. 19; besonders diese Tatsache ruft nach dem Bild der jüngsten Rechtsprechung zunehmend die Frage der Vereinbarkeit mit der viel später einsetzenden Volljährigkeit hervor, vgl. hierzu BGH Urt. vom 17. 4. 1967, NJW 67, 1802 m. w. Nachw.

[188] Im gleichen Sinne passim *Hoffmann*, S. 126; vgl. dazu Gesetz über die Herabsetzung des Volljährigkeitsalters v. 17. 5. 1950 (GBl. der DDR, 437): § 1. „Die Volljährigkeit tritt mit der Vollendung des 18. Lebensjahres ein." Vgl. dazu auch BVerfG, Beschl. v. 25. 5. 1956, NJW 1956, 985, obiter dictum zur Frage, ob der Beginn der Volljährigkeit mit 18 Jahren überhaupt eine Benachteiligung im Sinne des Art. 3 GG darstellt. Die Festsetzung der Volljährigkeit mit dem vollendeten 18. Lebensjahr in der DDR verstößt nicht gegen den „ordre public" in der Bundesrepublik; so AG Solingen, Urteil v. 18. 12. 1950 in SJE, S. 9; ebenfalls LG Hannover, Urteil v. 9. 1. 1951, NJW 1951, 191.

[189] Vorher war sogar teilweise das 25. Lebensjahr das Mündigkeitsalter, vgl. dazu Übersicht in: Motive zum Gesetz betr. Alter der Großjährigkeit, Reichstag, Sten. Ber., 2. Legisl.Per., 2. Session 1874, Anlagen, S. 766 f.

das Haus, die damit verbundene Wirtschaftsform noch einen länger geschlossenen Lebenskreis bildete, aus dem der Unmündige nur in Ausnahmefällen vorzeitig heraustrat[190]. Ohne dieser Frage weiter nachzugehen, kann heute aber nicht mehr an der Tatsache vorübergegangen werden, daß ‚das Haus als Sozialgebilde aller bäuerlichen Kulturen'[191] seine Funktionen in der industriellen Wirtschaft eingebüßt hat und damit auch die starke hausherrliche, bevormundende elterliche Gewalt nicht mehr aus seinen wirtschaftlichen Bedürfnissen heraus berechtigt ist, daß vielmehr der Eintritt in das Erwerbsleben zum Gestaltungsmerkmal des Erwachsenseins geworden ist. Zu diesem Zeitpunkt spätestens geht die „Macht, d. h. die Steuerungschance des Vaters oder der Mutter über die Kinder" fast ganz verloren, sind „Hilfsbedürftigkeit und Unreife als natürliche Rechtfertigungsgründe"[192] ganz verschwunden. Wenn die Festsetzung des Mündigkeitsalters auch eine allgemeine Kulturfrage ist[193], bei der auch politische Motive eine Rolle spielen[194], so wird man nicht übersehen dürfen[195], daß heute die Arbeitsfähigkeit und die damit verbundene sittliche und moralische Verantwortlichkeit auch das Maß der rechtlichen Selbständigkeit bestimmen.

Die Vollendung des 18. Lebensjahres ist, so gesehen, als Beginn der Arbeitsmündigkeit besonders geeignet, da mit Erreichen dieses Alters gegenwärtig der größte Teil der Minderjährigen seine Ausbildung abschließt und in das Arbeitsleben tritt[196]. Vor dem Erreichen dieses Alters sollte daher der Schutz des Minderjährigen vor den Gefahren des Rechtsverkehrs den Vorrang erhalten, § 107 BGB, daran anschließend aber sollte § 113 BGB eine weite Anwendung finden und damit der tatsäch-

---

[190] Fehl geht sicherlich die Ansicht *Dornbergers*, „Zivilrecht der DDR", S. 158 — schon wegen § 112 BGB! — daß das hohe Volljährigkeitsalter den für Ausbeuterfunktionen noch unreifen „Bourgeois-Jüngling" wegen der Kompliziertheit der gesellschaftlichen Verhältnisse (Klassenkampf um den höchsten Profit) schützen sollte.

[191] Vgl. *Brunner*, S. 38.

[192] Vgl. *Hirsch*, Macht und Recht, S. 3.

[193] So mit Recht *Moufang*, S. 81, vgl. z. B. auch *Hirsch*, „Das schweizerische Zivilgesetzbuch in der Türkei", S. 125, Bd. 1 dieser Schriftenreihe des Instituts für Rechtssoziologie und Rechtstatsachenforschung an der Freien Universität Berlin, wonach das Mündigkeitsalter in der Türkei unter Abänderung des schweizerischen Vorbildes auf das 18. bzw. 15. Lebensjahr herabgesetzt worden ist.

[194] Wie z. B. die Zerschlagung der Familie durch das Gesetz über die Herabsetzung des Volljährigkeitsalters, a.a.O.

[195] So aber die rechtsvergleichende Studie von *Gerhard Luther*, Ehemündigkeit — Volljährigkeit — Strafmündigkeit, in der die Arbeitsmündigkeit, § 113 BGB an zahlreichen Stellen nicht erwähnt wird, z. B. S. 9, 16, und auch ihre heutige Bedeutung für den Beginn der Volljährigkeit völlig übersehen wird, insbes. S. 79, 84 f.

[196] Vgl. oben S. 75 f.

6. Zusammenfassende Schlußfolgerung

lichen Eigenverantwortlichkeit und Selbständigkeit des Minderjährigen im heutigen Arbeitsleben die rechtliche Stütze geben[197].

Daher sollte der Minderjährige, der das 18. Lebensjahr vollendet hat, im Rahmen seiner Arbeitsmündigkeit auch einer Gewerkschaft selbständig beitreten dürfen. Er sollte nach Vollendung des 18. Lebensjahres berechtigt sein, gegenüber Versicherungen sowie Geldinstituten Rechtshandlungen selbständig vorzunehmen, soweit das Arbeitsverhältnis ihre Vornahme erfordern. Der Arbeitsverdienst dieses Minderjährigen sollte grundsätzlich nur seiner Verwaltung unterliegen[198].

Zusammenfassend ist also vorzuschlagen: § 113 BGB soll unter weiter Auslegung für alle Minderjährigen gelten, die das 18. Lebensjahr vollendet haben.

---

[197] Vgl. dazu *Nipperdey*, Festschrift, S. 302 Anm. 3: „Mit 18 Jahren wird vielleicht künftig die Arbeitsmündigkeit beginnen." *Siebert*, S. 197: „Es erscheint erwägenswert, den Beginn der vollen Geschäftsfähigkeit mit der Vollendung des 18. Lebensjahres eintreten zu lassen." Vgl. auch *Schmidt* im ähnlichen Sinne, S. 127 f.: § 113 soll uneingeschränkt Anwendung finden für alle Minderjährigen über 18 Jahren.

[198] Natürlich unbeschadet des Rechtes des gesetzlichen Vertreters, im Einzelfalle nach § 113 II BGB insoweit die Ermächtigung einzuschränken.

Literaturverzeichnis

Agahd, Konrad: Kinderarbeit und Gesetz gegen die Ausnutzung kindlicher Arbeitskraft in Deutschland, Jena 1902; zitiert: Kinderarbeit
— Gesetz betreffend Kinderarbeit in gewerblichen Betrieben vom 30. März 1903, von Konrad Agahd und Schulz, 3. Aufl., Jena 1905

Anton, Günther: Geschichte der Preußischen Fabrikgesetzgebung bis zu ihrer Aufnahme durch die Reichsgewerbeordnung, Leipzig 1891

Auerswald: Recht des Arbeitsvertrages, in: Gewerbe und Kaufmannsgericht, 22. Jg., 27

Bähr, Otto: Gegenentwurf zum Entwurf eines bürgerlichen Gesetzbuches, Kassel 1892

Bahrdt, Hans Paul: Der Industriearbeiter, in: Gibt es noch ein Proletariat?, herausgegeben von Marianne Feuersenger, Frankfurt 1962

Ballschmiede, Wolfram: Zur Lohnzahlung an Minderjährige, in: Arbeit und Recht 1956, 371

Bechtel, Heinrich: Wirtschaftsgeschichte Deutschlands vom Beginn des 16. bis zum 18. Jahrhundert, München 1952

Bernays, Marie: Auslese und Anpassung der Arbeiterschaft der geschlossenen Großindustrie, dargestellt an den Verhältnissen der „Gladbacher Spinnerei und Weberei AG" zu Mönchen-Gladbach im Rheinland, in: Schriften des Vereins für Sozialpolitik, Bd. 133, Leipzig 1910

Bierer, Willy: Die hausindustrielle Kinderarbeit im Kreise Sonneberg, Tübingen 1913

Blücher, Viggo Graf: Die Generation der Unbefangenen — Zur Soziologie der jungen Menschen heute, Köln 1966

Böhlau, Hugo: Mecklenburgisches Privatrecht, das partikulare Privatrecht des Großherzogthums Mecklenburg-Schwerin, II. Bd., 1. Abteilung, Weimar 1872

Bornemann, Ernst: Das Wesen der Berufsreife, in: Psychologie und Praxis, 4. Jg., Heft 1

Braun, Lilly: Die Emanzipation der Kinder, München 1911

Briefs, Götz: Das Gewerkschaftsproblem, Gestern und Heute, Frankfurt 1955

Brinkmann, Carl: Wirtschafts- und Sozialgeschichte, München 1927

Brunner, Otto: Neue Wege der Sozialgeschichte — Vorträge und Aufsätze, Göttingen 1956

Bürgerliches Gesetzbuch (BGB-RGRK): Kommentar, herausgegeben von Reichsgerichtsräten und Bundesrichtern, Allgemeiner Teil, I. Bd., 1. Teil, §§ 104—157, Krüger-Nieland, 11. Aufl., Berlin 1959

Capeller: Lohnkonten Minderjähriger, BB 1961, 453 ff.; zitiert: Lohnkonten

Capeller: Scheckverkehr minderjähriger Lohnkonteninhaber, in: MDR 1961, 682

Caplow, Theodore: Soziologie der Arbeit, Meisenheim 1958

Conrad, Hermann: Deutsche Rechtsgeschichte, Bd. I: Frühzeit und Mittelalter, 2. Aufl., Karlsruhe 1962

Coudres, Jean Pierre: Die Durchführung des Kinderarbeitsschutzrechtes, Jur. Diss., Leipzig 1933

Dahrendorf, Ralf: Industrie- und Betriebssoziologie, Berlin 1965

Dallinger-Lackner: Jugendgerichtsgesetz, Kommentar, München-Berlin 1955

Dankwardt, H.: Der Arbeitsvertrag, Iherings Jahrbücher 14, 228 ff.

Dehn, Günther: Proletarische Jugend, Berlin 1929

Dernburg, Heinrich: Das Bürgerliche Recht des Deutschen Reichs und Preußens, Bd. I, Halle 1902

Dietz, Rolf: Koalitionsfreiheit, in: Die Grundrechte, Bettermann-Nipperdey-Scheuner, 3. Bd., Berlin 1958

Dillmann, Alexander: Die Handlungsfähigkeit der Minderjährigen nach dem Rechte des Bürgerlichen Gesetzbuches für das Deutsche Reich, Jur. Diss., Rostock 1905

Dornberger, Gerhard: Das Zivilrecht der Deutschen Demokratischen Republik, Allgemeiner Teil, VII. Abschnitt, Berlin 1955

Eberhardt, Karl-Heinz: Empfang des Lohnes minderjähriger Werktätiger durch die Eltern, in: Neue Justiz 1967, S. 637

Eberhardt-Daute-Duft: Antwort auf erste Fragen zur Anwendung des Familiengesetzbuches, in: Neue Justiz 1966, S. 289 ff.

Ehrlich, Eugen: Grundlegung der Soziologie des Rechts, Neudruck 1929, München und Leipzig

Enneccerus-Nipperdey: Lehrbuch des Bürgerlichen Rechts, Allgemeiner Teil, 2. Halbbd., 15. Aufl. 1960

Entwurf eines Allgemeinen Arbeitsvertragsgesetzes nebst Denkschrift, in: 28. Sonderheft des RABl. Stück 2, Berlin 1923, zitiert: Denkschrift

Erman: BGB, Handkommentar, Allgemeiner Teil, 3. Aufl. 1962, Münster

Eucken, Walter: Die Grundlagen der Nationalökonomie, 5. Aufl., Godesberg 1947

Fahrtmann, Friedhelm: Anmerkung zum Urteil des LG Frankfurt/M. vom 3. 5. 1963 (NJW 1963, 1361), in NJW 1963, 1982

Falck: Handbuch des Schleswig-Holsteinischen Privatrechts, 5. Bd., Altona 1848

Feller, Hans: Die Rücknahme oder Beschränkung der Ermächtigung des gesetzlichen Vertreters eines Minderjährigen nach § 113 Abs. 2 BGB, in: Ehe und Familie 1961, 420

Fitting, Hermann: Das Castrense Peculium in seiner geschichtlichen Entwicklung, Halle 1871

Flitner, Andreas: Soziologische Jugendforschung, Heidelberg 1963

Flitner, Andreas und Walter *Hornstein:* Kindheit und Jugend in geschichtlicher Betrachtung, in: Zeitschrift für Pädagogik, 1964, S. 311

Flögel-Hartung: Straßenverkehrsrecht, 15. Aufl., München-Berlin 1965

Flume, Werner: Das Rechtsgeschäft, Berlin 1965

Fraenkel, Ernst: Das Koalitionsrecht der Minderjährigen, in: Arbeitsrecht 1927, 837 ff.

Franzen-Hellersberg, Lisbeth: Die jugendliche Arbeiterin, ihre Arbeitsweise und Lebensform, Tübingen 1932

Fuld: Das Gesinde in der Sozialgesetzgebung, in: Conrads Jahrbücher, 3. Folge, Bd. 10 (1895), S. 64

Furck, Carl Ludwig: Das Leistungsbild der Jugend in Schule und Beruf. Überblick zur wissenschaftlichen Jugendkunde, hrsg. vom Deutschen Jugendinstitut, Bd. 14, München 1965

Gebhard: Entwurf eines Bürgerlichen Gesetzbuches für das Deutsche Reich, I. Bd. Allgemeiner Teil, Vorlage des Redakteurs, 1881

Gengler, Heinrich: Deutsche Stadtrechte des Mittelalters, Nürnberg 1866

Gernhuber, Joachim: Lehrbuch des Familienrechts, München-Berlin 1964

Gesetzbuch der Deutschen Demokratischen Republik (Gesetzbuch der Arbeit) vom 12. 4. 1961 (GBl. I S. 27), Textausgabe mit Anmerkungen und Sachregister, hrsg. von der Staatlichen Plankommission für Arbeit und Löhne, Berlin 1964

Gierke, Otto von: Die Wurzeln des Dienstvertrages, in: Festschrift für Heinrich Brunner, München - Leipzig 1914, S. 37 ff.

— Deutsches Privatrecht, Bd. III, Schuldrecht, München - Leipzig 1917 und 1936

Goltz, v. d.: Die Landarbeiterfrage im nordöstlichen Deutschland, Göttingen 1896; zitiert: Landarbeiterfrage

— Die soziale Bedeutung des Gesindewesens, Danzig 1873; zitiert: Soziale Bedeutung

Gordan: Das Recht des kaufmännischen Lehrvertrages, in: Jahrbuch des Kaufmannsgerichts, 3. Bd., Berlin 1912, S. 9 ff.

Gottschalk, Alfred: Verträge eines Minderjährigen mit einer Ersatzkasse, in: Juristische Rundschau für die Privatversicherung von Neumann, 33, 197

Grebing, Helga: Geschichte der deutschen Arbeiterbewegung — ein Überblick, München 1966

Gremke, Fritz: Verträge eines beschränkt Geschäftsfähigen, Jur. Diss., Jena, hrsg. Borna-Leipzig 1913

Günther-Hahnenfeld: Kommentar zum Wehrpflichtgesetz, 1965

Hartfiel, Günter: Stichwort „Gewerkschaften", in: Evangelisches Staatslexikon, Berlin 1966, Sp. 668 ff.

Hedemann: Zur Reform des Gesinderechts, in: DJZ 11, Sp. 1338

Herkner, Heinrich: Die Arbeiterfrage, I. Bd. Arbeiterfrage und Sozialreform, 8. Aufl., Berlin - Leipzig 1922

Herrenhaus: Stenographische Berichte über die Verhandlungen der beiden Häuser des Landtages, II. Bd., Berlin 1875, Aktenstück Nr. 8, S. 61 ff.

Herrmann, Georg: Kubinke

Herschel, Wilhelm: Das neue Jugendarbeitsschutzgesetz, in: Betriebsberater 1960, 749

Hertz, Gustav: Die Rechtsverhältnisse des freien Gesindes nach den deutschen Rechtsquellen des Mittelalters, in: Untersuchungen zur Deutschen Staats- und Rechtsgeschichte, hrsg. von Otto v. Gierke, Bd. 6, Breslau 1879

Heyde: Internationales Handbuch des Gewerkschaftswesens, hrsg. von Ludwig Heyde, Bd. I, Artikel „Kähler", Berlin 1931, S. 893

Heymann, Ernst: Besprechung von Lennhoffs Gesindewesen, in: Zeitschrift der Savigny-Stiftung, Germ. Abt. 28, S. 600

Hirsch, Ernst E.: Macht und Recht, in: Juristenzeitung 1962, 1
— Recht im sozialen Ordnungsgefüge — Beiträge zur Rechtssoziologie — Bd. 1, Schriftenreihe des Instituts für Rechtssoziologie und Rechtstatsachenforschung an der Freien Universität Berlin, Berlin 1966; Der gesetzlich fixierte „Typ" als Gefahrenquelle der Rechtsanwendung (erläutert am Beispiel des Handelsvertreters), S. 161 ff.; Das schweizerische Zivilgesetzbuch in der Türkei, S. 121 ff.

Hoffmann, Edgar: Das Jugendschutzgesetz von 1938 und seine Vorgeschichte, Berlin 1940

Hoffmann, Ernst: Berufsausbildung 1963 — Aus der Arbeit der Industrie- und Handelskammern, in: Schriftenreihe des Deutschen Industrie- und Handelstages, Heft 29 (DIHT)

Hoffmann, Dieter: Der Beitritt minderjähriger Arbeitnehmer zu einer Gewerkschaft, BB 65, 126 ff.

Hoffmann-Stemme: Berufsausbildung 1961 — Aus der Arbeit der Industrie- und Handelskammer, in: DIHT, Heft 80

Hörle: Unbeschränkte Geschäftsfähigkeit jugendlicher Arbeiter, Lohnzahlung und Lohnersparnis, in: Gewerbe und Kaufmannsgericht, Bd. 23, S. 38 ff.

Hueck, Götz: Die arbeitsrechtliche Bedeutung der Bundeshandwerksordnung, in: Recht der Arbeit 1954, 17

Hueck-Nipperdey: Lehrbuch des Arbeitsrechts, I. Bd., Alfred Hueck, 3.—5. und 7. Aufl. 1963

Hueck-Nipperdey-Tophoven: Tarifvertragsgesetz, Kommentar, bearbeitet von Stahlhacke, 4. Aufl. 1964

Jacoby: Der Entwurf eines Bürgerlichen Gesetzbuches für das Deutsche Reich, in: Annalen des Deutschen Reiches, 1889, S. 322

Jahresberichte der Gewerbe- und Aufsichtsbeamten und Bergbehörden für das Jahr 1902, Bd. I, Berlin 1903

Jantke, Carl: Der 4. Stand. Die gestaltenden Kräfte der deutschen Arbeiterbewegung im 19. Jahrhundert, Freiburg 1955

Jörs-Kunkel-Wenger: Römisches Privatrecht, 3. Aufl. 1949

Kähler, Wilhelm: Gesindewesen und Gesinderecht in Deutschland, Jena 1896

Kaskel: Arbeitsrecht, 2. Aufl., Berlin 1925; neu bearbeitet von Dersch, 5. Aufl., Berlin 1957

Kempf, Rosa: Das Leben der jungen Fabrikmädchen in München — Die soziale und wirtschaftliche Lage ihrer Familie, ihr Berufsleben und ihre persönlichen Verhältnisse. Nach statistischen Erhebungen dargestellt an der Lage von 270 Fabrikarbeiterinnen im Alter von 14 bis 18 Jahren, in: Schriften des Vereins für Sozialpolitik, Bd. 135, 2. Teil, Leipzig 1911

Kimml: Artikel „Lehrling", in: Handwörterbuch der Staatswissenschaften, hrsg. von Elster, Weber und Wieser, Bd. 6, 4. Aufl., Jena 1925

Kluth: Arbeiterjugend, Begriff und Wirklichkeit, in: Arbeiterjugend, Gestern und Heute — Sozialwissenschaftliche Untersuchungen, herausgegeben und eingeführt von Helmut Schelsky, Heidelberg 1955, S. 16—171

Knauer: Über Bestrafung des Arbeitsvertragsbruches, in: Schriften des Vereins für Sozialpolitik VII (1874), S. 6

Koch: Kommentar zum Allgemeinen Landrecht für die Preußischen Staaten, 1. Teil, I. Bd., 2. Aufl., Berlin 1853

Kollmann, Paul: Geschichte und Statistik des Gesindewesens in Deutschland, in: Jahrbücher für Nationalökonomie und Statistik, 10. Bd., S. 237 ff.

Könnecke, Otto: Rechtsgeschichte des Gesindes in West- und Süddeutschland, 1912

Korn, Karl: Die Arbeiterjugendbewegung, Berlin 1922

Kraut, Theodor: Die Vormundschaft nach den Grundsätzen des Deutschen Reiches, II. Bd., Göttingen 1847

Krebs, Heinrich: Gesetz über Arbeitsvermittlung und Arbeitslosenversicherung, Kommentar, München 1957

Krein, Julius: Die Ermächtigung zum Lehrvertragsabschluß, in: Das Arbeitsamt 1950, S. 147

Kreller, Hans: Zum Entwurf eines allgemeinen Arbeitsvertragsgesetzes, in AcP 123, 266

Kuczinsky, Jürgen: Die Geschichte der Lage des Arbeiters in Deutschland von 1800 bis in die Gegenwart, Bd. I, 1800 bis 1932, Berlin 1947

Küster, E.: Geschäftsfähigkeit der Minderjährigen, Jur. Diss., Marburg 1897

Landmann-Rohmer: Gewerbeordnung, Kommentar, neu bearbeitet von Eyermann-Fröhler, 11. Aufl., München-Berlin 1956

Lange, Heinrich: BGB, Allgemeiner Teil, Ein Studienbuch, 9. Aufl., München-Berlin 1967

Lazarsfeld, Paul: Jugend und Beruf, Jena 1931

Lempert, Wolfgang: Die Zukunft der Lehre, in: Neue Sammlung 1963, Heft 4

Lennhoff, Ernst: Das ländliche Dienstwesen in der Kurmark Brandenburg vom 16. bis 19. Jahrhundert, in: Untersuchungen zur deutschen Staats- und Rechtsgeschichte, 79

Lindenberg, C.: Das Preußische Gesinderecht im Geltungsbereiche der Gesindeordnung vom 8. November 1810, 8. Aufl., Berlin 1912

Lohmar, Ulrich: Die arbeitende Jugend im Spannungsfeld der Organisationen in Gesellschaft und Staat, in: Arbeiterjugend, Gestern und Heute, Schelsky, Heidelberg 1955

Lothmar, Philipp: Der Arbeitsvertrag nach dem Privatrecht des Deutschen Reiches, 1. Bd., Leipzig 1902

Ludwig, Karl-Heinz: Die Fabrikarbeit von Kindern im 19. Jahrhundert. Ein Problem der Technikgeschichte, in: Vierteljahreszeitschrift für Sozial- und Wirtschaftsgeschichte, 52. Bd., S. 85 ff.

Lütge, Friedrich: Deutsche Sozial- und Wirtschaftsgeschichte, 2. Aufl., Berlin 1960

Luppe: Tarifverträge für Lehrlinge, in: RArbBl. Nichtamtlicher Teil 1923 Nr. 9, S. 181

Luther, Gerhard: Ehemündigkeit — Volljährigkeit — Strafmündigkeit, Rechtsvergleichende Studie zur Vereinheitlichung der Altersstufen im Zivil- und Strafrecht, Hamburg 1961

Luther, Martin: Erlanger Ausgabe sämtlicher Werke, 1829, Bd. XX

Maaß, Hermann: Hundert Jahre Kampf um Jugendschutz, in: Das Junge Deutschland, 25. Jg., 1931, S. 97 ff., 157 ff.

Mackenroth, Gerhard: Bevölkerungslehre, Berlin 1953

Mampel, Siegfried: Arbeitsverfassung und Arbeitsrecht in Mitteldeutschland, Köln 1966

Maschke, Walter: Stichwort „Jugendbewegung und Jugendfürsorge", in: Internationales Handbuch des Gewerkschaftswesens, hrsg. von Heyde, Berlin 1931, zitiert: Jugendbewegung

— Stichwort „Erwerbsarbeit Jugendlicher", in: Handwörterbuch der Staatswissenschaften, Bd. 3, 4. Aufl., Jena 1926, zitiert: Erwerbsarbeit

Maus: Handbuch des Arbeitsrechts, 1965

Menger, Anton: Das Bürgerliche Recht und die besitzlosen Volksklassen, 3. Aufl. Tübingen 1904, 5. Aufl. Tübingen 1927

Mewes, Bernhard: Die erwerbstätige Jugend, Berlin - Leipzig 1929

Michel, Ernst: Sozialgeschichte der industriellen Arbeitswelt, 4. Aufl., Frankfurt/M. 1960

Miessner, Irene: Das Kinderschutzgesetz, seine Durchführung und seine Wirkung, Phil. Diss., Breslau 1918

Mitteilungen aus dem Tarifwesen. Die Regelung der Arbeitsbedingungen in den Tarifverträgen, XI Lehrlinge und Jugendliche im Tarifvertrag, in: RArbBl. Nichtamtl. Teil, Berlin 1923, S. 223 ff.

Mitteis, Heinrich: Deutsches Privatrecht, 3. Aufl., München - Berlin 1959

Molitor, Erich: Grundfragen des neuen Jugendarbeitsschutzgesetzes, in: Recht der Arbeit 1960, S. 281 ff.

Motive zum Entwurf eines Bürgerlichen Gesetzbuches für das Deutsche Reich, Bd. I Allgemeiner Teil, Amtl. Ausgabe, Berlin - Leipzig 1888

Moufang, F.: Das Alter der Volljährigkeit in Deutschland, Jur. Diss., Heidelberg 1919

Muchow, Hans Heinrich: Jugend und Zeitgeist, 2. Aufl. 1955

Müller, Albert: Der Weg zum Jugendschutzgesetz, 1938, in: Das Junge Deutschland, Jg. 1938, S. 246 ff.

Mugdan: Die gesamten Materialien zum BGB, hrsg. und bearbeitet von Mugdan, Berlin 1899

Mylius, Otto Christian: Corpus Constitutionum Marchicarum von Zeiten Friedrichs I., Kurfürsten zu Brandenburg ad annum 1736

Natzel, Benno: Jugendarbeitsschutzgesetz, Handkommentar, Münster 1961

Neumann: Literatur zum Entwurf eines Bürgerlichen Gesetzbuches für das Deutsche Reich, in: Gruchot XXXIII (1889), S. 696

Nikisch, Arthur: Arbeitsrecht, I. Bd., 3. Aufl., Tübingen 1961

Nipperdey: Festschrift für Hedemann: Die Regelung der Anlernverhältnisse des Jugendlichen (1938), S. 293

Nußbaum, Arthur: Die Preußische Gesindeordnung vom 8. November 1810, Berlin 1900

Oertmann, Paul: Kommentar zum BGB, Allgemeiner Teil, 3. Aufl. 1927

Ogris, Werner: Geschichte des Arbeitsrechts vom Mittelalter bis in das 19. Jahrhundert — Ein Überblick — in: Recht der Arbeit 1967, 286 ff.

Oske, Edith: Gewerbliche Kinderarbeit, Phil. Diss., Königsberg in Pr. 1916

Palandt, Otto: BGB, Kommentar, 26. Aufl., München - Berlin 1967

Paulsen, Christian: Lehrbuch des Privatrechts der Herzogtümer Schleswig und Holstein und auch des Herzogtums Lauenburg, 2. Aufl., Kiel 1842

Pense, Rudolf: Lexikon der Sozial- und Jugendkunde, Art. „Berufsreife", 1963

Planck: Bürgerliches Gesetzbuch, Kommentar, Allgemeiner Teil, 3. Aufl. 1903, 4. Aufl. 1913

Popp, Adelheid: Die Jugendgeschichte einer Arbeiterin von ihr selbst erzählt, 3. Aufl., Berlin 1909

Protokolle zu dem Entwurfe eines Bürgerlichen Gesetzbuches, Bd. I, Berlin 1897

Rehbein: Das Bürgerliche Gesetzbuch mit Erläuterungen, Bd. I 1899

Rehbinder, Manfred: Die Begründung der Rechtssoziologie durch Eugen Ehrlich, Bd. 6 der Schriftenreihe des Instituts für Rechtssoziologie und Rechtstatsachenforschung der Freien Universität Berlin, Berlin 1967

Renner, Karl: Die Rechtsinstitute des Privatrechts und ihre soziale Funktion — Ein Beitrag zur Kritik des Bürgerlichen Rechts, Tübingen 1929

Richter, Lutz: Juristische Betrachtungen zum Entwurf eines Allgemeinen Arbeitsvertragsgesetzes, in: RArbBl. 1924 Nichtamtl. Teil S. 232

Riedel, Hermann: Jugendarbeitsschutzgesetz, Kommentar, Hamburg - Berlin 1961

Riehl, Wilhelm: Die Naturgeschichte des Volkes als Grundlage einer deutschen Sozialpolitik, III. Bd., Die Familie, Stuttgart 1925

Rohwer-Kahlmann, Harry: Der minderjährige Arbeitnehmer und sein Beitritt zur Ersatzkasse, in: Ortskrankenkasse 1951, S. 282 ff.

Rosenthal-Bohnenberg: Bürgerliches Gesetzbuch, Kommentar, 16. Aufl. 1965

Rühle, Otto: Das proletarische Kind — eine Monographie, München 1911

Siebert, Wolfgang: Arbeitsmündigkeit, in: Das Junge Deutschland, 32. Jg., S. 193 ff.

Simon, Helene: Landwirtschaftliche Kinderarbeit; Ergebnisse einer Umfrage des Deutschen Kinderschutzverbandes über Kinderarbeit im Jahre 1922 unter Zugrundelegung der staatlichen Erhebung über die Lohnbeschäftigung von Schulkindern in der Landwirtschaft vom 15. November 1904, Berlin 1925

Sinzheimer, Hugo: Grundzüge des Arbeitsrechts, 2. Aufl., Jena 1927, zitiert: Grundzüge

— Arbeitsrecht und Arbeiterbewegung, Referat auf dem 15. Verbandstag des Deutschen Holzarbeiterverbandes vom 12.—18. Juni 1927, Berlin 1927

Soergel-Siebert: Bürgerliches Gesetzbuch, Kommentar, Allgemeiner Teil, 6. und 9. Aufl., Stuttgart 1959

Sohn, Karl-Heinz: Jugend, Betriebsvertretungen, Gewerkschaften, Köln 1956

Spranger, Eduard: Psychologie des Jugendalters, Leipzig 1924

Süskind: Das Gesinderecht der Provinz Hessen-Nassau, Arbeiten zum Handels-, Gewerbe- und Landwirtschaftsrecht Nr. 1, Marburg 1908

Scharmann, Dorothea: Konsumverhalten von Jugendlichen. Überblick zur wissenschaftlichen Jugendkunde 1965, Bd. 12

Scharmann, Theodor: Jugend in Arbeit und Beruf, Überblick zur wissenschaftlichen Jugend-Kunde, Bd. 10

Schatter, Hans: Die Rechtsbeziehungen zwischen der Ersatzkasse und minderjährigen Arbeitnehmern, in: Die Ersatzkasse 1952, 27 f., zitiert: Ersatzkasse

— Die Ermächtigung des gesetzlichen Vertreters an Minderjährige, in Arbeit zu treten (§ 113 BGB), zitiert: Ermächtigung

Schefold: Die Geschäfts- und Prozeßfähigkeit der Minderjährigen und das elterliche Verwaltungsrecht, in: AcP 94. Bd., 305

Scheller, Heinrich: Das Gesinderecht und seine Aufhebung, Jur. Diss., Jena 1919

Schelsky, Helmut: Wandlungen der deutschen Familie in der Gegenwart, 2. Aufl. 1954

Scherer-Flor-Krekeler: Wehrpflichtgesetz mit Erläuterungen, 2. Aufl. 1962

Schie, Gerhard: Das Verhältnis der deutschen Jugendbewegung zum Staats- und Wirtschaftsleben, Berlin 1927

Schindler: Die Lehre im neuen Arbeitsrecht, in: Schriften der Gesellschaft für soziale Reform, Bd. 10, Jena 1921

Schlegelberger-Vogels: Erläuterungswerk zum Bürgerlichen Gesetzbuch, Bd. I, Bearbeiter des § 113: Becker, Berlin 1939

Schmidt, Karl H.: Die Anwendbarkeit des § 113 auf Lehr-, Anlern- und Volontärverträge, Recht der Arbeit 1953, 88

Schmidt, Wilhelm: Dienst- und Arbeitsverhältnisse im Sinne des § 113 BGB, Jur. Diss., Erlangen 1919

Schnorr von Carolsfeld, Ludwig: Anmerkung zum Urteil des LG Frankfurt/M. vom 5. April 1963, in: Arbeitsrechtsblattei für die Arbeitsrecht-Praxis, hrsg. von Sitzler, Abteilung des Blatteihandbuchs „Rechts- und Wirtschaftspraxis", Stuttgart

Schüller, Richard: Von den Anfängen der proletarischen Jugendbewegung bis zur Gründung der kommunistischen Jugendinternationale, Berlin 1931

Schwandt, Ernst: Der Lohnsparzwang Jugendlicher, in: Soz. Prax. 1917, 97

Stadthagen, Arthur: Das Arbeitsrecht, Stuttgart 1904

Statistisches Bundesamt, Jugend in Schule und Beruf, Bd. 220, 1959

Statistisches Jahrbuch der Stadt Berlin, 1966

Stenographische Berichte über die Verhandlungen des Reichstages, Anlagen, 2. Legislaturperiode 1874, Aktenstück 59: Gesetz betreffend das Alter der Großjährigkeit

Stenographische Berichte über die Verhandlungen des Reichstages, 8. Legislaturperiode, I. Session 1890/91, Anlagen, S. 1425 ff. „Bericht der VIII. Kommission über den derselben zur Vorbereitung überwiesenen Gesetzesentwurf, betreffend Abänderung der Gewerbeordnung", zitiert: Kommissionsbericht

Stenographische Berichte über die Verhandlungen des Reichstages, IX. Legislaturperiode, IV. Session 1895/97, Berlin 1897, 189. Sitzung vom 11. März 1897 „Berathung der Anträge Auer und Genossen, die Rechtsverhältnisse land- und forstwirtschaftlicher Arbeiter und des Gesindes betreffend", S. 5033

Staudinger: Kommentar zum BGB, I. Bd., Allgemeiner Teil, 11. Aufl. 1957

Steffen, Hans: Beiträge zur Geschichte des Gesindes in Preußen am Ausgang des Mittelalters, Phil. Diss., Königsberg 1903

Stier-Somlo: Reichsversicherungsordnung, 2. Aufl., München 1922

Stillich, Oskar: Die Lage der weiblichen Dienstboten in Berlin, Berlin 1902

Straumann, Heinrich: Faulkner und das Problem des Bösen, in: Neue Zürcher Zeitung, Fernausgabe, Nr. 13, S. 10 vom 14. 1. 1967

Tartler, Rudolf: Die soziale Gestalt der heutigen Jugend und das Generationsverhältnis in der Gegenwart, in: Arbeiterjugend, Gestern und Heute, Schelsky, Heidelberg 1955, S. 263

Tenbruck, H.: Jugend und Gesellschaft, Freiburg 1962

Tietze, Fritz: Zur Ersatzkassenmitgliedschaft Minderjähriger, in: Die Ersatzkasse 1952, S. 86 ff.

Trost-Schütz: Bankgeschäftliches Formularbuch, 16. Aufl., Berlin 1962

Tschirschky und Bögendorff: Kinderarbeit auf dem Lande, Hannover 1963

Unger: System des österreichischen allgemeinen Privatrechts, Bd. II, 4. Aufl. 1876

Wallis, Hans-Günther: Kinderarbeitsschutz im Gewerbe, in: Rechtswissenschaftliche Studien 62, Berlin 1937

Weimar, Wilhelm: Die Eröffnung von Gehalts- und Scheckkonten für beschränkt geschäftsfähige Arbeitnehmer, in: JR 1961, 455

— Die partielle Geschäftsfähigkeit des Arbeitsmündigen, in: MDR 1963, 651, zitiert: Geschäftsfähigkeit

Weingärtner, Josef: Der Kost- und Logiszwang im Bäckergewerbe, Phil. Diss., Marburg 1910

Weiß, Carl: Artikel „Die Familie", in: Handbuch der Soziologie, hrsg. von Ziegenfuß, Stuttgart 1956, S. 892 ff.

Weyl: Zum 100. Geburtstag der preußischen Gesindeordnung, DJZ 1910, 1329

Wieacker, Franz: Privatrechtsgeschichte der Neuzeit, Göttingen 1952

Woltereck, Frank: Bedenkliche Entscheidungen zum Gewerkschaftsbeitritt Minderjähriger, in: Der Betrieb 1964, 1777

— Zum Ersatzkassenbeitritt Minderjähriger, in: Sozialgerichtsbarkeit 65, 162, zitiert: Ersatzkassenbeitritt

Zirkel: Die Klagebefugnis des Vaters in Ansehung des Kindesvermögens, in: JW 1911, 633

Zusammenstellung der gutachterlichen Äußerungen zum Entwurf eines Bürgerlichen Gesetzbuches, gefertigt im Reichsjustizamt, Bd. I: Äußerungen zum Allgemeinen Teil, Berlin 1890

Printed by Libri Plureos GmbH
in Hamburg, Germany